離島熱球スタジアム

鹿児島県立 大島高校の奇跡

菊地高弘

集英社

離島熱球スタジアム

鹿児島県立大島高校の奇跡

●目次

※年齢は取材当時。文中は敬称略とさせていただきます。

本書の主な登場人物

大野稼頭央（おおの かずお）
無尽蔵のスタミナと最速146キロの速球でプロも注目する左腕エース

西田心太朗（にしだ しんたろう）
強打とリードに優れる捕手。稼頭央に大島高校進学を決断させた

武田涼雅（たけだ りょうが）
キャプテンで遊撃手。エラーは多いが、すぐに切り替えチームを引っ張る

前山龍之助（まえやま りゅうのすけ）
中学時代は県ベスト４の実績を持つ三壘手・投手。勉強は苦手

青木蓮（あおき れん）
チーム一の努力家で自信家。守備に悩み最後の夏は「代打の切り札」となる

嶺壘守（みね るいす）
喜界島出身の「伝説のサードコーチャー」。体はデカいが、とても涙もろい

美島永宝（みしま ながとも）
中学では西田らとチームメート。島のバッティングセンターで打撃を磨く

中優斗（あたり ゆうと）
強肩強打の外野手。中学時代は奄美市選抜に選ばれ離島甲子園に出場

上原賢寿郎（うえはら けんじゅろう）
マイペースのお調子者。伝令役としてチームのピンチを再三救う

竹山陸斗（たけやま りくと）
左翼を守る外野手。中学ではバッテリーを組んでいた稼頭央のよき相談相手

有馬航大（ありま こうだい）
稼頭央らの１年後輩で１年夏からベンチ入り。フェリーに乗ると船酔いする

体岡大地（たいおか だいち）
喜界島出身で嶺の１年後輩。スポーツも学業も優秀な「喜界の根尾」

塗木哲哉（ぬるき てつや）
経験豊かな大島高校の野球部監督。105キロの巨漢だが指導は細やか

奥裕史（おく ひろし）
大島高校の校外コーチ。経営する自動車整備工場で部員にトレーニングを課す

喜村健太（きむら けんた）
中学卒業で島を出ることを決断。強豪私学の鹿児島城西で甲子園を目指す

町北周真（まちきた しゅうま）
大島高校に立ちはだかる樟南の強打者。一見、ガラが悪いが素顔は？

赤嵜智哉（あかさき ともや）
強豪・鹿児島実業の左腕エース。大野稼頭央とはライバルとして認め合う

第1章

決断

大野家と西田家の食事会

テーブルの上には、気まずい沈黙が横たわっていた。

話したいことはたくさんあるのに、何から切り出していいのかわからない。互いに遠慮し合ってぎこちない様子を感じ取った大野裕基《ひろき》は、おどけるように言った。

「なんで静かなわけ？」

同時にぷっと噴き出したのは、裕基の長男である稼頭央《かずお》と、同級生の西田心太朗《しんたろう》だった。

そもそもこの2人の進路を相談するため、食事の席が設けられたのだ。

隣り合って座る稼頭央と心太朗は少しほぐれた様子で、世間話を始めた。だが、内容はもっぱら、2人が好きなプロ野球について。進路という「本丸」に踏み込むには、お互いにためらいがあった。

裕基はほうっと息をついて、心太朗の父である哲《さとし》と酒を酌み交わすことにした。息子の進路は息子に決めさせる。それが裕基のポリシーであり、子ども同士の話し合いに口を挟むことだけはすまいと心に決めていた。

その一方で、店へと向かう車中、裕基は稼頭央にこんなことも伝えていた。

「心太朗に『実業に行こう』って言えよ」

実業とは、鹿児島県内で高校野球の名門として知られる鹿児島実業のこと。稼頭央は投手として、心太朗は捕手として、それぞれ鹿児島実業の硬式野球部から勧誘を受けていた。稼頭央と心太朗の進路は、2人が住む奄美大島の野球関係者の間で大きな関心事になっていた。そして最終的には私学の鹿児島実業か、島内の公立高校である大島高校に進学先の候補が絞られていた。

稼頭央は龍郷《たつごう》町立龍南《りゅうなん》中の左腕エースであり、小柄ながらキレのある速球と変化球を投げると評判だった。鹿児島実業のほかにも樟南《しょうなん》、れいめいなど県内の強豪私学が、こぞって離島の怪腕をスカウトに来た。なかには「将来オリンピックを目指せる逸材だ」と、稼頭央の身体能力に惚《ほ》れ込んだレスリング部の監督もいたほどだった。

「稼頭央」の名前は、父の裕基が松井稼頭央（元西武ほか）のファンだったことに由来する。裕基は高校時代はサード、草野球ではショートとしてプレーしており、松井稼頭央の華のあるフィールディングに魅了されていた。

テレビゲームではなく、外で遊ぶように促《うなが》す裕基の方針もあって、稼頭央はアクティブな幼少期を過ごした。人気のテレビ番組『逃走中』（フジテレビ系列）さながらの集落全体を使った鬼ごっこに参戦し、地域のやんちゃ坊主たちと汗を流した。小学校では野球とソフトボールの両競技のチームに所属。毎週火曜、木曜、土曜、日曜は野球、月曜、水曜はソフトボール、金曜は体操教室。毎日休みなく体を動かしながらも、ケガ一つなかった。

野球の練習日に休憩時間が設けられても、すぐに誰かをつかまえて体を動かさずにはいられない。そんなせわしない子どもだった。

一方の心太朗は奄美市立金《かね》久《く》中の正捕手である。強肩強打の捕手であり、身長180センチに達する恵まれた肉体は高い将来性を感じさせた。

父の哲も捕手だったこともあり、テレビのプロ野球中継を見ながら「次はどんな球を投げさせる？」と捕手視点で会話を交わすのが親子のコミュニケーションだった。幼少期は感情を表に出すことも多かったが、哲が「松井秀喜（元ヤンキースほか）はいつも冷静に不動心でプレーしていたぞ」と諭《さと》すうちに、心太朗はいくら試合で活躍してもガッツポーズすら出さなくなった。

とげとげしい部分などまったくない、おっとりした性格に見えて、心の内側には熱いものを秘めている。それが西田心太朗という人間だった。

稼頭央と心太朗は同じチームでプレーした経験はない。とはいえ、小学生時から学童野球で対戦して、お互いに面識があった。人懐っこい稼頭央は誰彼構わず、対戦した相手選手に話しかけていたのだ。

私立高校のスポーツ推薦の出願締め切りが近づいた2019年10月末、裕基は稼頭央に「どうするわけ？」と尋ねた。すると、稼頭央は「心太朗と話してみたい」と答えた。裕基はその答えを意外だと受け止めていた。

裕基は内心、「進路は9割方、実業だろう」と感じ取っていた。幼少期から鹿児島実業に憧れ、テレビ中継をかじりつくように見ていた息子の姿を目《ま》の当たりにしていたからだ。鹿児島実業の監督を務める宮下正一《しょういち》がわざわざ奄美大島まで来島し、「一緒に夏の甲子園の優勝旗を獲りにいかないか？」と熱心に勧誘してくれてもいた。

15歳にして島を出ることにしても、奄美大島では何も珍しいことではなかった。島内で目立つアスリートは、早い段階で本土の強豪校からスカウトを受けて島を出ることが慣例になっていた。それはスポーツに限らず、学業、芸術部門で優秀な成績を収める者も同様だった。裕基自身、「若い人間は島を出て、外の世界を知ったほうがいい」という考えを持っている。稼頭央がためらう理由は何一つないように思えた。

心太朗とバッテリーを組みたい

稼頭央の「心太朗と話してみたい」という意向を受け、裕基はすぐに心太朗の父である哲に電話を入れた。裕基は奄美大島東部の龍郷町に住み、「大野設備」という水道施設工事をメイン事業とした有限会社を経営している。一方の哲は奄美大島の中心部である奄美市に住み、奄美大島信用金庫に勤めている。仕事上の付き合いはないが、2人は大島高校の野球部で先輩・後輩という間柄だった。

年齢は哲のほうが8年上であり、高校時代のかかわりはない。ただし、草野球が盛んな島内で2人とも野球に興《きょう》じており、自然と親しい関係になっていた。

「稼頭央が進路のことで、心太朗と話したいと言ってるんですけど、一緒にご飯でも食べませんか？」

裕基から電話を受けた哲は、一度は「やめようや」と断っている。稼頭央と心太朗が会って話し合うことで、稼頭央の運命を狂わせてしまうかもしれない。稼頭央の人生に干渉したくない思いが強かった。

哲自身も高校時代は捕手で、高校卒業後は島を出て日本体育大でもプレーしている。教員だった父と同じ職を志し、教員免許を取得したが、なかなか鹿児島県の採用試験に合格できなかった。「自分は一人っ子だし、年老いた両親の面倒を見なければ」という責任感から20代後半にして金融マンとなり、結婚して3人の子宝に恵まれた。自分が苦労した分、長男である心太朗には「好きなこと、今しかできないことを思い切りやってほしい」と思わずにはいられなかった。

だが、哲は妻から「何も話を聞かないで断るのは失礼じゃない？」と説得を受け、すぐに思い直している。電話を受けた翌日の夜、奄美市内の居酒屋で大野家と西田家の食事会が開かれたのだった。

当の本人たちも、それぞれに葛藤《かっとう》を抱えていた。稼頭央は裕基が推測した通り、鹿児島実業への進学に思いが傾いていた。

稼頭央が鹿児島実業に憧れを抱くようになったのは、小学1年生の頃から。最初に心を奪われたのは、ユニホームである。オフホワイト地に「鹿実」と縁取られたシンプルなデザインが、王者の貫禄を際立たせた。稼頭央は幼心にも「鹿実の選手にはオーラがあるな」と感じ取っていた。録画した鹿児島実業の試合映像を見返すのが、稼頭央の楽しみだった。監督の宮下から熱心な誘いを受けたことも、鹿児島実業への思いを一層強くした。

ただし、稼頭央はもう一つの思いを秘めていた。

「高校で心太朗とバッテリーを組みたい」

小学生時から何度も心太朗のプレーを見てきて、その力量の高さをひしひしと感じ取っていた。とくにワンバウンドのボールを後ろに逸《そ》らさないブロッキング能力は光っていた。

稼頭央には、心太朗について忘れられない光景がある。金久中のエース右腕であり、球速にかけては稼頭央をも上回ると言われていた好投手の喜村《きむら》健太が、マウンドで心太朗のサインにまったく首を振らないのだ。

「よっぽどいいリードをしているんだろうな……」

心太朗も鹿児島実業から誘いを受けていると知り、「心太朗にボールを受けてもらえるかもしれない」という期待はふくらんだ。憧れの高校で、同じ島出身の捕手に受けてもらい、甲子園を目指す。それが稼頭央の思い描いたシナリオだった。

運命を変えた「離島甲子園」

一方、心太朗はすでに進路を決めていた。

食事会でひとしきり雑談に花を咲かせた後、心太朗は意を決して稼頭央に切り出した。

「俺は大高《だいこう》に決めたよ」

大高とは島内の人間が呼ぶ大島高校の愛称である。心太朗は鹿児島実業に進学するのではなく、島に残る決断をしたのだった。

稼頭央は少し驚いた表情を見せ、微笑を浮かべた。心太朗と稼頭央は何となく、そのまま別の話題へと移して談笑を続けた。

心太朗も当初は鹿児島実業への進学を考えていたのだが、２０１９年夏に人生観を変える大きなイベントがあった。それは「離島甲子園」である。

離島甲子園とは、正式名称を「国土交通大臣杯　全国離島交流中学生野球大会」という。全国の離島の中学球児が一堂に会し、トーナメント形式で優勝を争う軟式野球大会である。その夏、心太朗は長崎県対馬《つしま》市で開催された第12回大会に出場していた。

同大会には25チームが出場し、奄美大島からは奄美市内の中学校から選抜された「奄美市選抜」と、龍郷町の選抜チームである「龍郷選抜」の２チームが出場した。心太朗は奄美市選抜、稼頭央は龍郷選抜のメンバーに選ばれ、それぞれ大会ベスト４に進出している。この大会で、心太朗は「島の仲間とやる野球」に取りつかれていた。

当初は「短い準備期間でチームプレーなんてできるのかな？」と不安を抱いていたが、いざ試合が始まると心太朗は不思議な感覚を覚えた。

「初めて同じチームで野球をする人ばかりなのに、初めてって感じがしない……」

この選手ならこう動くに違いない。そんな予想がことごとく的中する。考えてみれば、みな幼少期からライバルとしてしのぎを削ってきた仲なのだ。

奄美市選抜は南種子《みなみたね》中学校（鹿児島）との初戦を６対３で制し、２回戦に進出する。だが、相手はあまりに強敵だった。宮古島アララガマボーイズ（沖縄）。前年の大会では準優勝、さらにその前年までは２連覇している優勝候補である。

現地で取材するメディアも宮古島ばかりに注目し、奄美市選抜は見向きもされなかった。宮古島には盛島稜大《もりしまりょうた》という強肩強打の大型捕手がおり、ほかにも体の大きな選手が目立った。心太朗は内心、「勝てるのかな？」と不安を覚えた。

だが、奄美市選抜は意外な善戦を見せる。心太朗と普段からバッテリーを組む喜村が、粘り強い投球で宮古島打線に決定打を許さない。バックも堅い守備でサポートした。

心太朗は試合中、今までにない高揚感を覚えていた。

「強いチームに対して、みんなで『勝ちたい』という思いで一つになれる。一つひとつのプレーで喜び合って、ミスをしてもみんなでカバーし合う。なんて楽しいんだ。こうやってみんなで力を合わせたら、どんなチームにも勝てるんじゃないか？」

1対2と1点ビハインドで迎えた最終回。奄美市選抜は2点を奪って逆転サヨナラ勝ちを収める。続く準々決勝では伊豆大島（東京）を9対2で破り、準決勝に進出。最終的には大会で優勝することになる石垣島ぱいーぐるズ（沖縄）に1対6で敗れたものの、奄美大島のチームがベスト4に進出したのは初めてのことだった。

さらに、稼頭央を擁《よう》する龍郷選抜もつられるように、前年の優勝チームである佐渡市中学校選抜チーム（新潟）を破ってベスト4に進出していた。

稼頭央は体格的に恵まれているわけではない。身長１７０センチ、体重50キロ。上背も体の厚みもなく、手足はひょろひょろ。だが、マウンドに上がると誰よりもダイナミックな投球フォームで、鋭く左腕を振った。跳ねるように投げる稼頭央のマウンド姿に、心太朗は確信に近い思いを抱くようになった。

「稼頭央と一緒なら、甲子園に行ける……！」

ただし、心太朗は稼頭央に対して「進路を強制したくない」と考えていた。それは父の哲と共通した思いだったのだろう。それでも、心太朗は稼頭央にせめて自分の思いだけは伝えなければと考えていた。

食事会がお開きになり、親が会計を済ませている間に心太朗と稼頭央は店の外に出た。

心太朗は稼頭央に右手を差し出し、こう告げた。

「俺は大高に行くっち、決めてるから」

そして、一息ついてからこう続けた。

「そこで稼頭央とバッテリーが組みたいと思ってるよ」

稼頭央はニッコリと笑い、右手を差し出した。稼頭央は「考える」とその場で結論を出すことはなかった。だが、心太朗のなかには確かな手応えが残っていた。

初めてのバッテリー

心太朗から「バッテリーが組みたい」と言われた瞬間、稼頭央は不思議な感覚にとらわれた。

「今まで悩んできたものは、なんだったんだろう？」

確かに鹿児島実業は憧れであり、魅力的なチームだ。だが、それ以上に心太朗の構えたミットに自分の渾身《こんしん》のボールを投げ込みたい。そんな欲求が今まで以上に湧いてきた。幼馴染《おさななじみ》とトーナメントを勝ち上がる快感も、心太朗と同じく離島甲子園で味わっていた。

「心太朗とバッテリーを組むには、大高じゃないとダメだな」

そして稼頭央は、父の裕基に「大高に行くよ」と決意を伝えた。裕基は「心太朗を実業に誘えって言ったのに、ひっくり返されたな」と笑い、すぐさま西田家に電話を入れた。

哲から吉報を受けた心太朗は「やっぱり！」と喜んだが、哲は複雑な心境だった。息子の高校野球を近くで見守れる喜び、稼頭央と心太朗がバッテリーを組む期待感はもちろんある。その反面、将来有望な稼頭央とコンビを組むとなれば、相当なプレッシャーがのしかかることが予想された。

「稼頭央がいいピッチングをすれば、稼頭央が注目されるのは当たり前。でも、稼頭央が打たれたら『キャッチャーが悪い』と言われる。キャッチャーなんて、ごく一部の野球をわかってくれる人にしか認めてもらえないポジションなんだから……」

それが同じ捕手としての偽らざる本心だった。そして、哲の不安は高校進学後にさまざまな形で現実のものになる。

稼頭央と心太朗が初めてバッテリーを組む機会は、大島高校に入学する前に訪れた。年明けの２０２０年１月に奄美大島で開かれた「中学３年生硬式野球交流大会ｉｎ奄美」でのことだ。この大会は離島甲子園から高校進学までの間に、島内の中学球児の交流を深めるために開催されたイベントである。関西から２チームが奄美大島に来島し、島内の中学３年生の選抜２チームと対戦する。離島甲子園とは違うチーム分けになり、稼頭央と心太朗は同じチームに組まれた。ボールは高校野球と同じく硬式球を使う。

試合前のキャッチボールの段階で、心太朗は胸の鼓動を感じていた。

「距離が遠ざかるにつれて、ボールが伸びてくる。稼頭央のボールって、こんなにキレがあるんだなぁ……」

それまで受けてきた喜村も好右腕だったが、左投手の稼頭央のボールは今まで感じたことのない球筋だった。

一方の稼頭央も、ミットを構える心太朗に不思議な安心感を覚えていた。

「思った通り、投げやすいなぁ」

試合が始まってみても、稼頭央が心太朗のサインに首を振ることは一度もなかった。稼頭央が投げたいボールと、心太朗の投げさせたいボールがことごとく一致する。稼頭央は「相当に相性がいいのだろうな」と直感した。

そして、稼頭央は周囲のレベルの高さにも感動を覚えていた。普段プレーする龍南中は部員不足のため、近隣の赤徳《せきとく》中と連合チームを組んで試合に出場していた。信頼の置けるメンバーもいたが、経験が浅く、技術的に拙《つたな》いメンバーを試合に出さざるを得ない事情もあった。また、離島甲子園も龍郷町の近隣からメンバーを募ったものの希望者が集まらず、いつもの龍南・赤徳連合チームが「龍郷選抜」として出場していた。島内のライバルと同じチームで戦うのは、稼頭央にとって新鮮な経験だった。

「いつもは警戒してる人が、今日は味方として守ってくれる。これって、こんなに心強いことなんだなぁ。これで奄美の2チームが一緒になったら、本当に甲子園に行けるんじゃないか？」

　大野稼頭央と西田心太朗。この2人が島に残る決断をしたことで、大島高校野球部の歴史は音を立てて動き始めた。

引き寄せ合う精鋭たち

　大島高校の入試を受けるために校舎に入った武田涼雅《りょうが》は、すぐに稼頭央と心太朗の姿を見つけた。

「あ、あいつらも大高を受験するんだな」

　すぐに察したものの、それ以上に特別な感情は湧いてこなかった。テストの内容が気になって、それどころではなかったからだ。そして、武田にはもう一つ心配事があった。

「龍之助《りゅうのすけ》はもっとヤバイだろうな……」

　中学校の同級生である、前山龍之助のことだ。前山は勉強が苦手で、大島高校の入試に合格できるかボーダーラインにいた。

　武田と前山は奄美市立朝日中の主力選手だった。武田は中学3年時点で身長178センチと高く、一塁を守る中心打者でキャプテン。前山は体こそ大きくないものの、まとまりのあるエース右腕で打撃力も高い。中学最後の夏の大会では、朝日中は心太朗を擁する金久中を破って県大会に出場。県大会では武田が投手を兼任して前山との二枚看板となり、鹿児島ベスト４という好成績を収めている。

勉強が苦手な前山は、密かに「高校は強豪私立に行って、野球をしてみたい」という野望を抱いていた。県大会で好結果を残し、「もしかしたらスカウトが来るんじゃないか?」と期待に胸は高鳴った。だが、県大会準決勝の試合会場に高校野球のスカウトらしき人影はなかった。前山は「保護者しかいないじゃん」と落胆し、試合も敗れた。結局、本土の高校からは１校も誘いがなかった。

仕方なく地元の大島高校を受験するため、前山は学習塾に通い始めた。それまで「意味不明」と忌《い》み嫌っていた英語を猛勉強し、受験に備えた。

武田も前山も、離島甲子園では奄美市選抜に選ばれて心太朗とチームメートになっている。島の仲間と野球をやる楽しさ、勝つ快感は味わっている。だが、前山も武田と同様に、稼頭央と心太朗が大島高校を受験すると知っても、興奮することはなかった。

「そうなんだ……。まあ、自分は大高に受かるかまだわからないしな」

甲子園に行くことなど、イメージすら湧いてこなかった。

稼頭央と心太朗が大島高校を受験することは、大島高校野球部の関係者にも伝えられた。

監督を務める塗木哲哉《ぬるきてつや》は驚きを隠せなかった。

「えぇ〜、そうなんだ！　それはよかった！」

塗木はその時点で53歳。ベテランの域に入りつつある指導者である。身長184センチ、体重105キロという熊のような大きな体もあって、選手たちから陰で「クマテツ」というあだ名で呼ばれている。

薩摩隼人《さつまはやと》らしい豪放磊落《ごうほうらいらく》な人格かと思いきや、監督としての塗木は繊細で計算し尽くされた野球を展開する。初任の鹿児島南を皮切りに、頴娃《えい》、志布志《しぶし》と赴任した公立高校で着実に実績を挙げてきた。とくに頴娃、志布志は一から土壌をつくり、ともに21世紀枠の県推薦校に育て上げている。

かといって、有力選手をスカウティングして強化するのは塗木の性に合わなかった。

「中学生を誘うとしたら、媚《こ》びを売るような誘い方しか俺には思い浮かばない。なんで中学生に媚び売らなきゃいけないの？　まだ見ぬ子より、今いる我が子のほうが大事に決まってる。来るか来ないかわからない子より、縁のある子を大切にしたい」

塗木には信念がある。「集めたチームより、集まったチームのほうが強い」と。地元の中学生に声をかける時も基本的に学校には1回しか行かず、甘い誘い文句は何一つ口にしない。そのうえで「この学校で野球をやりたい」と進んでやってくる生徒と向き合い、甲子園を目指す。それが塗木の考えだった。

そんな塗木にとっても、稼頭央と心太朗が大島高校を選んだというニュースは吉報に違いなかった。

「ウチに来るか実業に行くかどっちかだろうとは思っていたけど、まさかウチとは」

ほかにも朝日中から実績のある武田や前山も受験することが決まっており、戦力が厚みを増すのは間違いなかった。そしてもう1人、塗木にとって気になる存在がいた。それは奄美市立笠利《かさり》中の中《あたり》優斗《ゆうと》である。

中は離島甲子園の奄美市選抜のメンバーに選ばれた、右投左打の強打者である。180センチ近い長身でパワーがあり、強肩も武器にしている。

だが、中の進路は不透明だった。島内に留《とど》まることになってはいたのだが、笠利中サイドから大島高校に「中は大高を受験しない」という断りの電話があったのだ。「大島北高校でバレーボールをする」という情報もあり、塗木は半ば諦めていた。

ところが、中は結局、大島高校を受験することになった。

本土の私学に進学していた兄と同様に、能力の高い中にも島外の高校から勧誘があった。だが、高校最後の夏の大会で背番号をもらえなかった兄を見ていた中は、「厳しい世界だし、島に残ったほうが楽しいだろう」と島に残る決断をする。ただ、親からは「公立で野球をするなら、私立でやりなさい」と、大島高校の野球部に入ることを反対されていた。

「バレーボールも好きだし、野球部のない大島北に行こうかな」

そう考えていた中のもとにやってきたのは、離島甲子園でチームメートだった武田だった。「一緒に大島高校で野球をやろう」という武田の言葉に、中は気持ちが揺らいだ。さらには進路を大島高校に定めた稼頭央、心太朗からも誘われ、中は「やっぱり大島高校に行きたい」と翻意したのだった。

その一方で、島を出る決断をした者もいた。金久中で心太朗とバッテリーを組んだ喜村は、強豪私学の鹿児島城西《じょうせい》に進学することになった。

心太朗は喜村に対しても「島から甲子園を目指してみないか？」と声をかけている。だが、喜村は悩んだ末に鹿児島城西への進学を選んだ。喜村にとって鹿児島城西は、中学時代から憧れのチームだったのだ。年上の親しい知り合いが鹿児島城西で野球をしており、中学3年の夏に練習参加をした際に「この厳しい環境で野球に打ち込みたい」という思いを募らせた。心太朗は「健太が残っていれば、もっといいチームになっただろうな」と惜しんだが、喜村の人生の選択だけに尊重するしかなかった。

大野稼頭央、西田心太朗、武田涼雅、前山龍之助、中優斗。奄美大島を代表するタレント5人は、無事に大島高校の入試を突破する。

だが、彼らはまだ知らなかった。強豪私学の壁は高く、甲子園への道のりは想像以上に険しいということを。

第2章

波乱の1年生大会

世界自然遺産になった島

奄美大島に美しい海のイメージを持つ人間は多いはずだ。

確かに海岸に出ると、サンゴ礁の影響で透き通ったエメラルドグリーンの海が見える。

だが、実際に島内を移動してみて感じるのは、山の多さである。

場所によっては前後左右、視界の先に山がそびえる。島の面積は約７１２平方キロメートルと東京23区の６２２平方キロメートルを上回るが、その大半は山地で占められている。島の南側は広大なマングローブ原生林が広がり、航空写真を見ると島のほとんどが緑で覆われていることがわかる。

当然、島民の居住できる場所は限られ、人口は5万８０００人（２０２２年9月時点）。東京23区の９７１万人（２０２２年9月時点）とは比較にならない。

「もともと島が大好きで、高校は『奄美に行きたい』と親に訴えたんです」

嬉々《きき》とした表情でそう語るのは、兵庫県尼崎市出身の粟飯原《あいはら》雄斗《ゆうと》である。粟飯原は母方の祖父母が奄美大島の宇検村《うけんそん》に住んでいるため、小中学生の頃から夏休みを奄美大島で過ごしていた。そのうちに、粟飯原は奄美の魅力に取りつかれるようになった。

「ジイちゃん、バアちゃんの家に車で向かってると、林道にクロウサギを見かけて。『あ、クロウサギがいるよ！』って興奮するんですけど、ジイちゃん、バアちゃんは見慣れてるから『ああ、いるねぇ』ってリアクションが薄いんです。珍しい生き物が好きなので、クロウサギとかハブが見られる奄美の生活に憧れていました」

　こうして粟飯原は中学卒業後に奄美大島へと渡り、寮生活を送ることになった。寮内には昆虫や爬虫類の好きな島外出身者がおり、「いろんなヘビやトカゲを捕獲して見せてくれるんです」と奄美での生活をエンジョイしている。

　粟飯原の言う「クロウサギ」とは、絶滅危惧種に指定されているアマミノクロウサギである。１９７０年代後半に島内のハブを退治するため、外来種の哺乳類であるマングースが奄美大島に放たれた。だが、予想に反してマングースはハブと戦わず、アマミノクロウサギを捕食するようになってしまう。ピーク時は島内で約１万頭まで繁殖したマングースに困り果て、２０００年代には環境省主導で「マングースの完全排除」を目指した掃討作戦を実施。皮肉な展開にはなったが、地道なマングース捕獲が功を奏し、アマミノクロウサギは徐々に頭数を増やしているという。

　こうした自然保護活動が実り、２０２１年7月には「奄美大島、徳之島、沖縄島北部及び西表島《いりおもてじま》」の世界自然遺産への登録が決定。奄美大島は観光地として、世界的に注目されるようになっている。

心臓破りの大高坂

大島高校があるのは、島の中心部である「名瀬《なぜ》」と呼ばれる地域。古くから貿易港として栄えた名瀬港がある港町だが、地図で見れば山と海に挟まれた猫の額のような狭い地域である。大島高校の校舎は名瀬の南側、安勝《あんがち》という地名の丘陵地のふもとにある。

校門を入ると、右手に校舎、左手に体育館が見える。校舎の手すり壁には正方形の格子模様が施されており、モダンな雰囲気を醸し出す。校舎の奥へと進むと、20段の階段を上がった先にテニスコートが2面とハンドボールコートが連なる長方形の小ぶりなグラウンドが現れる。だが、野球部が練習できるような場所はどこにも見当たらない。

テニス部員とおぼしきジャージ姿の女子生徒に「野球部のグラウンドはどこにありますか？」と聞くと、「歩いて行かれるんですか？」と問い返された。歩いて行けないような場所にあるのかと尋ねると、女子生徒は「行けなくはないですけど」と言いつつ、テニスコートのさらに先に見える急坂を指さしてこう答えた。

「あの坂の上です。車高の低い車だとこすりますよ」

テニスコートから数十メートル歩くと、急峻な坂がそびえ立っていた。この坂は「大高《だいこう》坂《ざか》」と呼ばれている。坂の両脇は緑が生い茂り、大野稼頭央は「至近距離でイノシシを見たことがあって、怖かったです」と証言する。一歩歩くたび、ヒザを交互に手で押すようにして急坂を登ること180歩。ようやく視界が開け、土のグラウンドが広がっていた。

ここは「上部グラウンド」と呼ばれ、扇状のスペースを野球部、サッカー部、ラグビー部、女子ソフトボール部の4部で共用する。体育祭も上部グラウンドで開催されるのだが、大高坂の傾斜があまりに険しいため、当日は高齢者向けにタクシーが坂を運行する。その料金から「100円タクシー」と呼ばれ、名物になっているという。

野球部の女子マネージャーになった富華愛《とみはなえ》は、「テスト明けに久しぶりにリュックを背負って大高坂を登ると、凄《すご》く疲れるんです」と証言する。

野球部が使用できるスペースは、内野のダイヤモンドからレフトの定位置くらいまで。さらにブルペン二つ分の屋根つき練習場も貴重な練習スペースだ。島の天気は移ろいやすく、すぐに雨が降るため重宝されている。

グラウンド周辺は草むらが多く、練習球が飛び出すと部員は専用のトングを使ってボールを拾う。毒ヘビの一種であるハブが潜んでいる可能性があるためだ。トングで草をかき分け、慎重にボールを拾う。高校から内野手としてプレーすることになった前山龍之助は、「1年に2回くらいハブを見かけます」と証言し、こう続けた。

「1学年上に元山《もとやま》和昂稲《かずと》って先輩がいたんですけど、アカマタってヘビを見つけては、しよっちゅうつかんでグルグル振り回していました。怖いもんなしなので」

放課後の練習時間は1日1時間30分程度と短い。大島高校は島の進学校としての役割も担っているため、学業面も力を入れている。そして19時完全下校という学校の規則のために、18時30分には練習を切り上げる。

大自然に囲まれていることを除けば、ごく普通の公立高校の野球部と大きくは変わらない。それが大島高校野球部の日常なのだ。

「島の子ども」のイメージとの乖離《かいり》

一般的に島の子どもと言えば、「身体能力が高い」というイメージがあるだろう。だが、監督の塗木哲哉はそのイメージを否定する。

「僕はそこまで身体能力が高いとは感じません。強いて言えば、ずんぐりとした体型でも足が速い、パワーとスピードを兼ね備えた子は多いかなという印象です。鹿児島市内のほうが身体能力の高い子がいると思いますよ」

そして、塗木は島の子どもたちの勤勉さを強調する。

「島の子は反復練習を嫌わずにできます。たとえばティーバッティングをやろうと言えば、休まずに延々と同じ練習ができる。だから技術が身につくのでしょうね」

わずか1時間半の練習時間の大半は、自主練習時間にあてられる。選手はそれぞれの課題に向き合い、黙々と個人練習に精を出す。兵庫県の中学から奄美にやってきた栗飯原は、大島高校の仲間たちの気質をこのように分析する。

「みんな野球が大好きで、『すぐ動きたい』と練習に早く集まる子が多いです。時間にルーズな子が多いのかなと思ったら、遊ぶ時でも『早く遊びたい』とすぐ集まって。稼頭央なんかまさにそうですけど、せっかちな子が多い気がします」

ただし、塗木が大島高校の生徒と接する際に気をつけていることがある。それは「言葉遣い」だ。

「鹿児島弁はまくしたてるようなところがあるので、島の子どもたちにとっては威圧される感覚になってしまうんです。本土から来た先生には、まず『鹿児島弁で話すのはやめてください』と伝えることにしてるんです」

鹿児島本土と奄美大島の間には、微妙な歴史的背景がある。大島高校の校長を務める黒木哲二はこう証言する。

「奄美では内地の人のことを『大和人《やまとんちゅ》』、島の人のことを『島人《しまんちゅ》』と呼んでいます。明治より前の時代には薩摩藩の武士が年貢の取り立てにやってきて、搾取されてきた歴史があります。そんな背景があるからか、大和人が上から頭ごなしに言うことに対して、奄美群島の方々が強く反発すると聞いたことがあります」

黒木自身、警察官だった父の仕事の都合で小中学生の一時期を奄美群島の徳之島《とくのしま》で過ごしたことがある。教員になってからも、徳之島と沖永良部島《おきのえらぶじま》に赴任し、指導した。そんな経験から、奄美群島のなかでもそれぞれに島民気質が異なることに気がついた。

「徳之島は闘牛が盛んな島で、島民は気性が激しく、勝負師の血が流れているように感じます。沖永良部島は穏やかで、勤勉実直な島民が多い。奄美大島は徳之島と沖永良部島の中間くらいという印象です」

次は実力で甲子園へ

大島高校は過去に甲子園に出場したことがある。

２０１４年春の選抜高校野球大会（センバツ）。前年秋の県大会で強豪・樟南を破るなど、ベスト４に進出。翌春センバツの21世紀枠・九州地区推薦校となり、選考の末に出場校に選ばれた。

21世紀枠とは、センバツの独自性を表す特殊な出場枠である。部員不足や施設面、地域特性のハンディ、学業との両立、ボランティア活動の実施など、特徴のある模範的な高校を各大会３校選出する。

大島高校の場合は離島という環境で鹿児島ベスト４に食い込んだ点が高く評価され、出場校に選ばれている。「全国大会」ではなく、「選抜大会」だからこそ可能な出場枠設定であり、その存在は賛否両論がある。２００１年の枠開設以来、「純粋に実績、実力で選ぶべきだ」という声も根強くある。

大島高校は２０１４年のセンバツでは名門の龍谷大平安（京都）と対戦。４回まで１対１と接戦を演じたものの、終盤に引き離されて２対16で敗れている。ただし、大島高校のアルプス席は４０００人を超える大応援団が占め、その一体感のある応援で大会の最優秀応援賞を受賞した。

大会直後の４月、塗木は志布志から大島高校に異動した。甲子園に導いた渡邉《わたなべ》恵尋《よしちか》（現明桜館《めいおうかん》教頭）が引き続き監督を務めたため、２年間は副部長として下級生を中心に指導。２０１６年秋から監督に就任している。

赴任直後から、塗木は島民の大島高校への期待を感じ取ったという。

「『今度は実力で甲子園に出てほしい』という言葉が日常会話のなかでも出てきますから」

塗木が監督に就任した後も、大島高校はコンスタントに鹿児島ベスト８に届くような戦績をマークしていた。

２０１６年秋　４回戦（●４対５神村学園）
２０１７年春　ベスト４（●３対６神村学園）
２０１７年夏　ベスト８（●０対４樟南）

２０１７年秋　３回戦（●１対８鶴丸）
２０１８年春　４回戦（●５対８鹿屋中央）
２０１８年夏　４回戦（●４対10鹿児島南）
２０１８年秋　３回戦（●２対４武岡台）
２０１９年春　２回戦（●９対10鹿児島商業）
２０１９年夏　ベスト８（●３対４神村学園）
２０１９年秋　ベスト８（●２対３鹿児島実業）

とくに甲子園を意識できたのは、２０１９年の夏だった。結果的に同年夏の甲子園に出場することになる第１シード校の神村学園を相手に、９回表まで３対０とリードを奪う。だが、９回裏に４点を奪われ、逆転サヨナラ負け。希望と現実の両面を知った状態で入学してきたのが、大野稼頭央や西田心太朗たちの学年だったのだ。

稀代の人たらし

上部グラウンドでラグビー部の練習を見学していた１年生の嶺塁守《みねるいす》のもとに、野球部の練習用ユニホームを着た細身の部員が近づいてきた。同じクラスの大野稼頭央だった。

「野球部、入らんの？」

どうやら稼頭央は逸れたボールを捕りに行くふりをしてまで、わざわざ嶺のもとまで来てくれたようだった。

「ユニホームはあるけど、馴染めるかわからんし……」

そう言ってまごつく嶺に、稼頭央は「大丈夫、すぐに馴染めるから」と励ました。その言葉が決め手になって、翌日から嶺は野球部の練習に顔を出すようになった。

嶺は奄美大島の出身ではない。奄美大島の東に位置する喜界島《きかいじま》で生まれ育った。

喜界島は人口６５００人ほどの小さな島で、島には信号機が1基しかない。１９９０年に喜界高校のエースである高橋英樹が広島東洋カープからドラフト3位指名を受けるなど、３人のプロ野球選手を輩出している。ちなみに、高橋はテレビドラマ『桃太郎侍』（日本テレビ系列）で主役の桃太郎を演じた俳優と同姓同名。さらに喜界島が昔話『桃太郎』の「鬼ヶ島」のモデルという説もあり、現役時代は「桃太郎」の愛称で呼ばれた。

嶺は地元の喜界高校ではなく、大島高校に進学して寮生活を送っていた。身長１８０センチ、体重92キロ。その大きな体軀《たいく》と彫りの深い顔立ちはインパクトがあり、「ルイス」という特徴的な響きの名前も手伝って、嶺はどこへ行ってもマスコットキャラクターのように慕われた。

だが、野球への自信はなかった。中学時代に野球部に所属したといっても実力は乏しく、部員数が少なかったため一塁手のレギュラーで試合に出ていたに過ぎない。

大島高校に進学したのも野球は無関係で、母から「島を出て、自立したほうがいい」と勧められたからだった。大の苦手である勉強から逃げ、のんびりと自堕落な生活を送る嶺の将来を危惧しての提案だった。

かといって、本土の高校は「ちょっと怖い」と尻込みし、「奄美のほうがすぐに帰れるし、親も来やすいから」という理由で大島高校を選んだ。知り合いが誰もいないクラスでひとり不安に暮れるなか、話しかけてくれたのが稼頭央だった。

「喜界中？　対戦したことあるよね？」

嶺はすぐに「龍南中の大野だ」と気づいた。中学時代から凄《すさ》まじいボールを投げていた大野のことは、忘れるはずがなかった。稼頭央が自分を覚えてくれていたことは驚きでもあり、誇らしくもあった。稼頭央と親しくなったことをきっかけに、嶺はクラスメートと打ち解けていく。

入学当初は野球への自信がなく、ラグビー部への入部を考えていた。だが、稼頭央の誘いもあって、嶺は野球部に入部する。

「人見知りなので、稼頭央がしゃべりかけてくれてうれしかったです。稼頭央から誘われていなかったら、ラグビー部に入っていたと思います」

稼頭央には人を惹《ひ》きつける天性の魅力がある。喜界島と同じく奄美群島の一つである徳之島から大島高校に進学した直江《なおえ》朝日《あさひ》も、当初は極度の人見知りのため高校生活に馴染めずにいたところを稼頭央に救われている。
「中学時代は情報がなくて、稼頭央のことも心太朗のことも全然知らなかったんです。親と姉が大高出身だったこともあって入ったんですけど、自分と同じ左投げに凄いヤツがいて、それが稼頭央でした。最初はほとんど同級生と話せなかったんですけど、1年生の夏休みの遠征で稼頭央が話しかけてくれて。それから心太朗とかみんなと仲良くなりました」

稼頭央と同じく龍南中から大島高校に進学した栄《さかえ》 桜子《さくらこ》は、稼頭央から「1年生の女子マネージャーが少ないから入って」と誘われている。
「稼頭央とは保育所から一緒なんですけど、高校でどの部活に入ろうか迷っていたら『甲子園に連れていくから』と野球部に誘ってくれたんです。その時に隣にいたお母さんも『本当に連れていってくれるの？』って驚いていました。正直言って野球はルールもまったく知らなかったんですけど、2つ上に中学の先輩がいたこともあってマネージャーをすることにしました」

漫画のようなセリフでも、さらりと口にできる。それが大野稼頭央の魅力だった。

〝最強世代〟の悲劇

稼頭央を筆頭に有望選手が多く集まったとはいえ、彼らはすぐに活躍できたわけではない。なぜなら、3年生が「史上最強」の声すらあるほど強いチームだったからだ。神村学園にあと一歩のところで敗れた前年夏のレギュラーも3人残っていた。

主将を務める藤本涼也もその1人だった。前年夏は左翼手、最上級生になってからは捕手としてチームの精神的支柱になっていた。

「島の子はみんな優しいんですけど、遠慮しがちで人に対して本音を言えない子が多いんです。『自分がどうありたいか』より、『他人にどう思われるか』ばかり気にしてしまう。それでは勝負には勝てないので、厳しいことも言ってきました」

実は藤本は奄美大島出身ではない。鹿児島県東部の鹿屋《かのや》市から大島に越境入学している。1学年先輩のエースだった赤崎《あかさき》太優《たいゆう》から「塗木先生のもとでやれば私学相手でも戦えるし、人間的にも鍛えてもらえるぞ」と評判を聞いたからだ。

鹿屋出身の赤崎と藤本はともに大島高校で主将を務め、チームを引っ張った。この2年間で部員たちの意識が変わったと監督の塗木は評価している。

「赤崎も藤本も野球に対して厳しい目線を持っていました。『こんなんじゃ鹿児島じゃ通用しない』と厳しい言葉を平気で言ってくれて。島の子同士だとなあなあになりがちなところで、彼らが厳しさを植えつけてくれました」

今年こそ、甲子園へ――。

そう意気込む藤本たちの前に待っていたのは、過酷な現実だった。新型コロナウイルスの世界的な感染拡大を受け、２０２０年夏の全国高校野球選手権大会が中止に追い込まれた。つまり、「夏の甲子園」が消滅したのだ。

「何を目標にすればいいんだろう……」

高校最終学年の夢を奪われ、藤本は途方に暮れた。中止の決定が下った後は、何週間も抜け殻のように無為に日々を過ごした。

一方、監督の塗木は鹿児島県内で独自に開かれる大会に向けて、水面下で奔走していた。実は県内高校野球関係者の間では、感染拡大を防ぐために地区ごとでの大会開催が検討されていた。もしそうなれば、奄美群島など離島のチームは本土で試合ができない。

「最後は鹿児島高校野球の聖地である鴨池（平和リース球場／鴨池市民球場）で試合をさせてやりたい」

その思いから、塗木はほかの野球部監督と連携を取り、なんとか県内のチームが平和リース球場か鴨池市民球場で試合をする独自大会開催にこぎつけた。

大島高校が初戦で対戦したのは、奇《く》しくも神村学園だった。前年夏の善戦に加え、秋の練習試合ではタイブレークまでもつれて惜敗するなど、「勝てない相手ではない」と藤本は考えていた。だが、神村学園の実力は想像をはるかに超えていた。

「めちゃくちゃ強かったです。自分たちがコロナで実戦が不足していたという要因はあっても、それ以上に力の差を感じました。むしろ、『そんなに強くないだろう』と神村の力を下に見過ぎてしまっていた。向こうは全力で立ち向かってきて、圧倒されました」

結果は0対9での完敗。最強世代はあえなく最後の夏を終えた。

ショートのエラー王

鹿児島県の高校野球では、11月に1年生大会が開催される。稼頭央たちの学年にとって、初めての公式戦での腕試しになる。

奄美群島を対象にした地区大会では徳之島に1対0で勝利し、県大会への出場を決めた。県大会は1回戦で伊集院《いじゅういん》、その翌日の準々決勝で樟南と対戦する公算が大きかった。

11月14日、平和リース球場での伊集院戦に稼頭央が先発マウンドに上がった。だが、大島は思わぬ苦戦を強いられる。原因は守備の乱れだった。

とくにミスを重ねたのは、遊撃手の武田涼雅だ。

「捕れはするんですけど、投げるのがうまくいかないんですよね……」

記録に残るエラーも、残らないエラーもかさみ、守りのリズムはどんどん悪くなった。中学時代は一塁をメインポジションにしていた武田だったが、高校では塗木の方針で遊撃手にコンバートされていた。武田は悪びれた様子を見せることもなく、爽やかに笑ってこう弁解するのだった。

「うまくなろうとはしているんですけど、得意じゃないんですよね」

エラーするのは仕方ない。そんな楽観的な武田はミスを引きずることなく、次のプレーへと切り替える名人だった。ただし、スケールのあるプレーと凡ミスを繰り返す武田の守備は、塗木の悩みの種になった。

一方、攻撃陣も伊集院の技巧派左腕である鈴木皓陽の術中にはまり、なかなか得点を奪えない。試合は9回を終えた段階で1対1の同点。延長10回からは無死一、二塁のシチュエーションでスタートするタイブレークに突入した。

タイブレークになっても大島高校の守乱は止まらない。2つのエラーに2本のタイムリーヒットが重なり、3点を奪われてしまう。

絶体絶命かと思われた状況に、ようやく攻撃陣が応える。4番に座った心太朗の犠牲フライ、続く5番・前山龍之助のタイムリー安打などで3点を奪い返し、同点に追いつく。最後は11回裏に心太朗がサヨナラタイムリー安打を放ち、長期戦に決着をつけた。

殊勲者となった心太朗だが、内心は痛恨の思いを抱えていた。

「伊集院は選手数も少なくて、『全然勝てる』と思ってナメていました。でも、今まで経験してこなかった相手ピッチャーのクセ球にはまって、試合をもつれさせて稼頭央を投げさせ過ぎてしまいました」

翌15日の準々決勝では、稼頭央の先発登板を回避せざるを得なかった。そこで代わりにマウンドに立ったのが、中学時代に投手として県ベスト4の実績がある前山である。

試合前日、「稼頭央がどれだけ樟南に通用するかな?」と呑気《のんき》に構えていた前山は、塗木に呼び出され「明日、投げられるか?」と問われて仰天している。

「正直、『え、何言ってんの?』って思いましたけど、言えなくて……。『投げてみたいです』って答えました」

塗木からすれば、部内の紅白戦で上級生中心のレギュラーチームを相手に好投していた前山なら、勝算はあると踏んでいた。投手としての前山はスピードこそないものの、コントロールがよくゲームメーク力がある。前山でできるだけ長いイニングをしのぎ、途中から稼頭央を投入する計画だった。

対する樟南は、鹿児島実業と並ぶ県内の名門である。その時点で甲子園には春7回、夏19回の出場実績があり、1994年夏の甲子園では福岡真一郎・田村恵(元広島)のバッテリーを擁して、準優勝という結果を残している。

稼頭央は樟南に対して、こんな印象を抱いていた。

「『守り勝つチーム』というイメージがあるし、ロースコアの展開になるのだろうな」

だが、樟南は意外な形で大島高校に牙をむいてくるのだった。

屈辱のホームランパフォーマンス

先発マウンドに立った前山は、「これが私学か……」と肌で感じていた。

初回こそ0点に抑えたものの2回表に先制を許し、さらに3回表には3点を失った。樟南ベンチから発せられる猛烈な圧力の前に、なすすべがなかった。

とくに3番に座る左打者の町北周真《まちきたしゅうま》には、打つ手がなかった。1打席目はレフト前へ強烈な打球を弾き返され（記録はエラー）、2打席目は打たれた前山が「フェンス直撃かな？」と感じた打球がそのままライトフェンスを越えていった。リードする心太朗は「今まで見たことないほど凄いバッターだ」と驚きを隠せなかった。

町北は身長173センチ、体重75キロと体格的には目立つ選手ではない。だが、右足を振り子のようにダイナミックに振ってから、力強くスイングする強打の左打者だ。思い切りよく、広角に鋭い打球を弾き返すのが町北の持ち味である。中学時代は大阪の寝屋川《ねやがわ》中央リトルシニア（現四條畷《しじょうなわて》リトルシニア）に所属しており、高校から鹿児島に野球留学している。

その打撃力以上に大島高校の選手たちを畏怖《いふ》させたのは、町北のふるまいだった。ホームランを放ってダイヤモンドを一周した町北は、大島高校ベンチに向かってこう叫んだ。

「島に帰れや！」

すぐさま球審が町北を呼び止め、厳重注意をする。大島高校の選手たちは自分たちの知らない世界を目の前にして、あっけにとられていた。

それでも、大島高校も心太朗にホームランが飛び出し、2対4と食らいつく。

その前に立ちふさがったのは、またも町北だった。5回表にはレフトオーバーのタイムリー二塁打を放ち、樟南はこの回に3点を追加。リードを5点に広げた。

大島高校は6回表から満を持して稼頭央を投入し、終盤勝負にかける。それでもこの日の町北は止められなかった。7回表に先頭打者として迎えた町北に、稼頭央は「インコースの真っすぐで詰まらせてやる」と渾身のストレートを投げ込む。そんな入魂のボールを町北はいとも簡単に、完璧にとらえた。打った瞬間、球場にいた誰もがホームランだと確信する一発。この日2本目のホームランで、樟南は試合を決定づけた。

そして、町北はここでも周囲を唖然《あぜん》とさせるパフォーマンスを見せる。ホームベースを踏む直前になって、両手の人差し指を交差させて「×」のマークをつくり、トントンと2回叩いたのだ。まるで「ダメ、ダメ」と言わんばかりに。

町北にやりたい放題にやられ、大島高校のベンチは屈辱にまみれていた。心太朗は不条理さを嘆いた。

「稼頭央のボールを完璧にとらえるバッターが鹿児島にいるんだと驚きました。それに、ちゃんとしているヤツに負けるんじゃなくて、こんなヤンチャそうなヤツに負けることが悔しくてしょうがなかったです。ガラが悪いのに、なんでこんなにえぐいんだって」

稼頭央は「樟南のガラの悪さにムカついた」と悔しさを押し殺したが、それ以上に樟南の強さと自分の無力さを痛感していた。

「『なんでこのボールを打たれるんだ？』と思いましたし、同じ1年生でも私学と公立ではこんなに差があるのかと。甲子園に行くために大島高校に集まったのに、こんなにボコボコにされて……。このままじゃダメだと思い知らされました」

2対11。打線も樟南の2投手の前に13三振を奪われ、8回コールドの完敗だった。大島高校の選手たちは強い危機感を抱きながら、高校生活の1年目を終えたのだった。

心太朗の異変

最初は指先に細いトゲが刺さったかのような、ごく小さな違和感だった。

高校野球でのプレーを続けるなかで、心太朗は次第に蝕《むしば》まれていった。時には指先からボールが抜け、時には指先にかかり過ぎてしまう。

「あれ、自分ってどうやってボールを投げてたっけ？」

小学生でも簡単に投げられそうな距離なのに、狙った場所へ行かない。球筋とともに、心も千々《ちぢ》に乱れた。心太朗はいつの間にか出口の見えない泥沼に足を踏み入れていた。

高校入学当初、レベルの高い仲間との練習は心太朗にとっていい刺激になっていた。稼頭央や中優斗のキャッチボールを見ながら、「どうやったら、そんなにいい球が投げられるんだろう」と不思議に思い、試行錯誤を重ねた。もともと肩には自信があったのだが、中学時代の軟式球から高校で硬式球に持ち替えたことで「もっと強いボールを投げたい」という願望がふくらんだ。スローイングフォームから意識して投げるようになると、むしろ今までの感覚がわからなくなってしまった。

２学年上の藤本にアドバイスを求めることもあった。藤本も身長１８１センチと長身で、手足が長い心太朗と同じようなタイプの捕手だったからだ。だが、事態はなかなか好転しなかった。

父の哲も、同じ捕手として心太朗が心配で仕方がなかった。

「見当違いの方向に投げていたので、最初は『どこ投げてるわけ？』と不思議に思っていたんです。でも、それがずっと続いたので、これはまずいなと。『イップスだな』と気づいたんです」

イップスとは、野球競技では主に投げる動作について使われる言葉である。症状には個人差があるものの、もともとボールをコントロールできていたプレーヤーが、自分の思うように投げられなくなってしまうことを指す。

イップスはゴルフ競技で使われていた言葉だったが、今や野球や他スポーツでも市民権を得た感がある。スローイングのイップスが悪化すると、投球動作そのものが変質してしまい、野球選手とは思えない投げ方になってしまうケースもある。

３年生が引退し、新チームになっても心太朗のスローイングは不安定なままだった。稼頭央は１年生ながら、秋からチームのエース格になっていた。心太朗は試合で活躍する以前のところで足踏みをしている自分がもどかしかった。秋の大会は控え捕手のまま、２回戦敗退で終わった。

11月の１年生大会の時期は、状態がいい日と悪い日のムラが激しかった。それも、ほとんどの日はイップスが顔を出す悪い日である。幸い試合になれば「何も考えずに反射的に体が動いた」と目立ったミスこそなかったものの、心太朗は常に不安を抱えながらプレーしていた。

「練習では結構考えるタイプで、『うまくいくためにはどうしたらいいんだろう?』と考えれば考えるほど、かえって体が動かなくなる感じでした」

塗木をはじめさまざまな指導者がアドバイスを送り、時には改善の兆しを見せることもあった。だが、次の日にはまたボールが乱れてしまう。心太朗のイップスは一進一退のまま、じりじりと時間だけが過ぎていった。

第3章

結の精神

自動車整備工場での「奥トレ」

時計の針は夜の8時を指している。薄暗い照明が灯《とも》る室内には、オイルの匂いが漂っていた。カーリフトにはタイヤの抜けた自動車や軽トラックが持ち上げられた状態で並び、古ぼけた扇風機がせわしなく首を左右に振っている。

いかにも個人事業のムードがある、小さな自動車整備工場。そんな場所に不似合いな、丸刈り頭の野球部員が続々と集まってくる。彼らは室内に停めてある軽トラックの荷台にバッグを置くと、畳んだ状態で山積みになっていた段ボールを床に敷き詰め始めた。

10人ほどの野球部員が集合すると、中年男性が「おぉ、集まったかぁ」と声をかける。男性は柔和な笑顔をたたえて、それぞれの部員に指示を送る。顔をしかめる者、苦笑を漏らす者、小さく気合を入れる者、反応は人それぞれながら、そこに悲壮感はない。

部員たちは数班に分けられ、それぞれに課せられたトレーニングに取り組み始める。ただし、ここにはトレーニングジムに置いてあるような高重量のバーベルや最新のトレーニング機器はない。3人一組になって中腰の状態でテニスボールをグルグルと転がす班、1キロ強の棒を両手で持って頭の前後で曲げ伸ばす班、猛スピードで伸脚を繰り返す班、ひたすら縄跳びを繰り返す班、などなど。

このトレーニング会は平日夜に週２回ほどの頻度で行われている。集まってくる部員は大島高校野球部の投手陣を中心とした十数名。ただし、これは部としての活動ではなく、個人での活動である。つまり、勉強熱心な生徒が学習塾に通うのと同じことだ。

トレーニングを指導しているのは、大島高校野球部の外部コーチを務める奥裕史《おくひろし》。この自動車整備工場の経営者でもある。

奥の課すトレーニングメニューには、高重量の負荷をかけるメニューがない。「野球という競技は瞬発力が求められ、そのためにはボディバランスが必要」という持論がある奥は、自分の体を自在に操るためのトレーニングを重視している。たとえウエートトレーニングで筋量を増やしても、操るためのバランスがなければ意味がないという考え方だ。

奥の目が大野稼頭央に向けられる。稼頭央は立った状態で重さ３・７キロの鉄の棒を両手で握り、手首を使ってグルグルと巻き始めた。棒の中心部にはヒモがくくりつけられており、長いヒモの先端には１・５キロの重りがついている。重りが棒に当たったら、今度は同じ体勢から棒を反対に回し、重りを下げていく。この動作を２往復、８セットするのがノルマだ。この器具は「リストローラー」という商品名で市販されているが、稼頭央が使っているのは工場の廃材を利用した奥の手づくりである。

稼頭央の顔には大粒の汗が浮かび、表情がみるみるうちに歪《ゆが》んでいく。地味に見えるが、肉体的にハードなメニューだからだ。といっても、奥が組むメニューは基本的に派手ではなくても、肉体的に苦しいものばかり。選手たちはそんな忌々《いまいま》しいトレーニングを総称して「奥トレ」と呼んでいる。

稼頭央がリストローラーを終えると、両手をヒザについて苦しそうに息を吐いた。そんな稼頭央を見ながら、奥は内心ほくそ笑んでいた。

「だいぶ力がついてきたな……」

高校入学当時の稼頭央の体は身長１７０センチ、体重50キロ。その体は少しずつたくましさを増していた。入学時の球速は最速１２４キロだったが、秋の1年生大会では最速１３８キロを計測。奥トレの効果は誰の目にも明らかだった。とくにリストローラーにより、手首と握力が鍛えられていることが大きいと奥は見ていた。

稼頭央のモチベーションも高かった。頭にあったのは、樟南戦での屈辱の敗戦だけではない。トレーニングと並行して行われる毎週末の紅白戦で、自分のボールが目に見えて進化していくのが楽しかったのだ。

「奥トレはきついけど、『実際に野球でこうやって使うんだ』というイメージが湧くので、目的がわかるからイヤにはならないんです。トレーニングをして、紅白戦で効果が出て、また課題を埋めるためにトレーニングして、また紅白戦で効果が出る……と自分の伸びを毎週実感できました」

大島高校は離島ゆえに練習試合の対戦相手がいないという大きなハンディがある一方、

温暖な気候のため冬場も紅白戦ができるメリットがあった。

島をつなぐ〝結の精神〟

奥は「稼頭央のことは母親のお腹《なか》にいた頃から知ってます」と豪語するほど、稼頭央と深い縁でつながっている。稼頭央の父・裕基は、奥が監督を務める草野球チーム「グーフィー」のチームメート。裕基が結婚する際には、奥が結婚式の実行委員長を務めている。当時の奄美では、結婚式はホテルの宴会場を借り切って数百人規模の大宴会を催すのが定番だった。新郎側、新婦側からそれぞれ10名の実行委員を決め、会場の準備や二次会の手配、余興、受付などを担当する。数カ月かけて準備する実行委員を取りまとめるのが、実行委員長である。

稼頭央が大島高校に入学することが決まった時、奥は運命を感じずにはいられなかった。稼頭央が中学時に所属した龍南中のコーチを務めるのは、若い頃から草野球で何度も対戦し、奥が「哲也アニ」と呼んで慕う朝《あさ》哲也。また、稼頭央が小学生時に所属した龍郷野球スポーツ少年団の監督を務める前島克幸は、草野球チーム「赤徳クラブ」で朝とバッテリーを組んでいた仲である。地元の野球仲間がまるでバトンをつなぐようにして、奥の前に稼頭央がやってきたのだ。

学童野球の監督として前島が掲げたポリシーは「中学野球につなげる」ことだった。「楽しんで経験を積めればいい」と、子どもを厳しく叱りつけることなく、温かいまなざしで成長を見守った。

稼頭央がエースを務めても、守備陣のエラーで負けることもしょっちゅうあった。それでも、前島は稼頭央に「ピッチャーが感情的になったら、試合にならないよ」と説いた。稼頭央はいくら味方がエラーしても、「エラーするのが当たり前」という境地に達し、苛《いら》立《だ》ちを表に出さないようになった。

朝は龍郷町で介護福祉士として働く傍ら、龍南中の外部コーチを務めている。稼頭央と同じ左投左打の投手経験者。自身が肩・ヒジのケガに悩まされた経験から、「壊さない投げ方」を独自に研究。そのメソッドを中学球児に伝えている。

「基本的なお手本は工藤公康《きみやす》さん（元西武ほか）のフォームです。下半身をしっかり使って、両肩のラインよりも利き腕のヒジが下がらない腕の振り。そのための体重移動や上半身と下半身が噛《か》み合う形があります」

稼頭央の投球フォームは幼少期から整っていたが、朝はシャドウピッチングを課してフォーム固めを促した。

「今の子どもは、ボールのスピードをどんどん求めてしまいます。だから実際にボールを投げると『速いボールを投げたい』という思いが強まって、体は早く開いて、ヒジは下がっていく。まずはボールを持たずに、形を意識することが大事だと考えています」

稼頭央は運動能力が高く、投球フォームには躍動感がある。だが、体の柔軟性はというと、本人が「両足を広げても90度くらいしか開かない」と明かすほど硬い。それでも、限られた可動域を存分に使うことはできた。

朝の指導を経て、稼頭央は全身を余すところなく使った理想的な投球フォームを手に入れた。奥は「左投手を育成するのは難しいと言われますけど、哲也アニが稼頭央と同じ左投げだったというのもプラスだったのかもしれません」と推察する。

稼頭央が大島高校に進学する際、朝は奥にこんな言葉を伝えている。

「裕史、フォームは教えたから、あとは体づくりを頼むよ」

奥は朝の思いを受け取りながら、島に伝わる「結《ゆい》の精神」を思い出していた。

奄美大島は鹿児島本土と約３８０キロも離れている。海が荒れれば船が寄港できず、物資不足に悩まされる。自然災害が起きれば、本土から重機が届かなければ本格的な復旧作業ができない。それでも、島の人間たちは相互扶助して、数々の難局を乗り越えてきた。誰かが困っていれば、誰かが助ける。そうやって人と人の強い結びつきを大事にすることを島では「結の精神」と呼んでいる。

スネに傷を持つ指導者たち

そもそも奥には高校野球経験がない。
中学まで野球部で活躍したが、進学した大島高校では野球部への入部をかたくなに拒否した。30年以上前の野球部には理不尽な上下関係があり、体罰が横行していた。そんな風潮に奥は嫌気がさしていたのだ。

だが、野球というスポーツへの愛情は変わらず持っていた。高校卒業後に進学した宮崎産業経営大では軟式野球サークルに入り、奄美大島に戻ってからも草野球を楽しんだ。チームメートから高校野球の思い出話を聞くたびに、奥は「もし自分が野球をやっていたら、どれくらいの選手になれていたんだろう？」と思わずにはいられなかった。10代で燃焼できなかった野球への情熱は、その後もくすぶり続けていた。

父の自動車整備工場を継いだ奥は、5人の子宝に恵まれた。子どもたちが親しむスポーツは野球、陸上、水泳、バレーボールとさまざまだったが、練習を見に行くと「このメニューは野球の体幹トレーニングに使えそうだな」とヒントになることが多かった。

31歳の時、息子が通っていた朝日中で野球を指導できる教員が異動してしまった。指導者不在の状況を憂《うれ》えた保護者からの要望を受け、奥は外部コーチに就任する。それが奥の指導者生活のスタートだった。

その１年半後の２００６年には、奄美大島の中学選抜チーム「奄美クラブ」を立ち上げ監督に就任する。３年目となる２００８年には九州大会で優勝して、全日本少年軟式野球大会に出場。奄美大島の中学球児を横浜スタジアムに連れて行き、全国ベスト8に食い込んだ。

奥には「師匠」と呼べるような指導者はいない。すべて独学で、知識を蓄えてきた。だが、教材は意外と近くにあった。奄美大島は横浜ＤｅＮＡベイスターズが秋季キャンプに訪れた時期があり、プロ野球選手が頻繁に自主トレに訪れる場所でもある。社会人野球チームが春にキャンプを張ることもあり、奥は頻繁に練習を見学に訪れた。

「ダイエー時代の小久保裕紀が川崎宗則や斉藤和巳を引き連れて奄美に来たりして、多くのトッププロのレベルを目の当たりにできました。社会人もＥＮＥＯＳやパナソニックなどのキャンプを見に行って、いい練習だと思えば指導に取り入れていきました。自分の教えは、いろんなところのいいとこどりですよ」

そうした熱意が買われたのだろう。娘のスイミングスクールの保護者仲間だった縁もあり、大島高校の前監督だった渡邉恵尋から「指導を手伝ってもらえませんか？」と打診を受ける。奇しくも入部を拒否した大島高校野球部に、指導者として加わることになった。

そして、コーチになった翌春には21世紀枠で甲子園出場を経験している。

２０１４年４月に大島高校へと異動してきた塗木哲哉とは、妙にウマが合った。奥は「高校野球の指導者は普通、外の人間を入れたがらないものですが、渡邉先生も塗木先生も懐《ふところ》が深いと感じます」と感謝を口にする。

なお、現監督の塗木は奥に信頼を置くだけでなく、龍南中の外部コーチである朝に関しても、「稼頭央のフォームを見てやってください」と自由に指導することを認めている。

塗木はその理由を「一番は熱意」と語る。

「言っていることが正しいと思えて、継続した熱意を持っていると感じます。僕も含めて、大島高校の指導に携わる人はスネに傷を持つ人が多いです。頭を下げておけばいいところで下げられなかった人、融通が利かなかった人。そんな人間を生み出したくないから、いろんな人に手伝ってもらいたいのかもしれませんね」

啐啄同時

塗木自身、大きな挫折を味わっている。

現役時代は投手としてプレーしたが、華々しい実績とは無縁だった。鹿児島きっての進学校である鶴丸では、自分を曲げられずに不完全燃焼。鹿児島大では後輩に慕われ投手部門の責任者になったが、故障も多く公式戦で登板できるレベルではなかった。

大学最後の試合で負けた瞬間、塗木は大きな体を震わせて号泣した。何もかも中途半端なまま学生野球を終えた後悔が、一気に押し寄せてきた。そして、塗木は決意する。

「こんなに涙が出るくらいなら、もっと真面目に野球をやればよかった。俺のような生徒を生み出さないためにも、俺は指導者になる」

その日以来、塗木は人が変わったように猛勉強に励んだ。筑波大学の大学院で学び、出《いず》水《み》での講師を経て、塗木は鹿児島県の教員採用試験を突破した。

塗木には指導者としての座右の銘がある。

「啐啄同時《そったくどうじ》」

卵の内側から雛《ひな》が出ようとくちばしでつつき、その動きに呼応して親鳥が外側から卵をついばみ助ける。学ぶ者と教える者の意思が一致して初めて殻を破ることができるという意味である。初めてこの言葉に出合ったのは、鹿児島南の監督を務めていた時だった。

「昔はスパルタで、ただガツガツやるだけの指導者でした。そんな時に福岡の柳川高校に遠征に行ったんです。グラウンドに大きく『啐啄同時』と書いてあって、最初は『どういう意味なんだろう？』とわからなかったんです。そうしたら、今度は名古屋の愛工大名電に行った時に、また『啐啄同時』という文字を見て。当時の中村（豪《たけし》）監督に『どういう意味なんですか？』と聞いて、意味を知りました。何度もこの言葉に出合うということは、『お前、この言葉について考えろよ』ということなんだろうなと」

　ＰＬ学園の監督として一時代を築いた中村順司が研修会のため鹿児島を訪れた際、塗木は「監督はどのようなことをすればいいんでしょうか？」と質問している。すると、中村はこう答えた。

「何もしなくていいんですよ」

　塗木は中村の言葉を聞いて、「啐啄同時」を思い出した。自分が目指すべき指導者像が定まったような気がした。選手が自力で殻を破る時を待ち、その瞬間を逃すことなく殻の外から救い出してやる。塗木は今まで以上にグラウンドの選手たちの一挙手一投足を観察するようになった。

覚醒した大野稼頭央

　２０２１年の春。大島高校の快進撃が始まった。

春季県大会1回戦で鹿児島中央に5対0で勝つと、２回戦は指宿《いぶすき》商業に延長10回の末に4対2で勝利。鹿児島中央戦で15奪三振の完封勝利を挙げた稼頭央は、自身の成長を感じ取っていた。

「秋から体重が10キロ増えて、その分スピードも10キロ上がった感じがしました。秋までは投げた時にミットまで収まるボールの軌道が見えたんですけど、春は投げた後にボールが見えないままミットの音が鳴って、軌道の残像が見えるような感覚でした」

　3回戦で対戦するのは、因縁の樟南である。ところが、1年生大会で打ち込まれた町北周真は、どういうわけかスタメンを外れていた。稼頭央は内心、不安を覚えた。

「1学年上の主力は、1年生大会で打たれたメンバーより凄いんだ。どれくらい点を取られるのかな……」

　樟南の先発投手は西田恒河《ごうが》（現龍谷大）。高校1年時から活躍する、鹿児島県を代表する左投手である。なお、実家は浄土真宗の善妙寺で、「恒河」の名前は仏教発祥の地であるガンジス川をイメージして名づけられたという。

　稼頭央は1学年上の西田に、強烈なライバル心を燃やしていた。

「同じ左ピッチャーとして負けたくない。西田より長くマウンドに立ってやる」

　稼頭央は立ち上がりから何度もピンチを迎えるが、粘り強い投球で樟南打線にスキを与えなかった。スコアボードにゼロを重ねながら、稼頭央は確かな手応えを得ていた。

「自分の力は十分に通用するぞ！　冬にあれだけやってきたんだから、やっぱり自分は成長しているんだ」

　稼頭央は樟南打線を1点に抑え、打線の援護を待った。すると6回表、途中から遊撃手として出場していた武田涼雅が同点タイムリー三塁打を放つなど、2得点を奪って逆転。さらに7回表には暴投で追加点を得ると、西田をマウンドから引きずり下ろした。その瞬間、稼頭央のなかでもう一段ギアが上がった。

「西田には勝った。あとは樟南に勝つだけだ」

一方、試合中の樟南ベンチからは大きな声のヤジがひっきりなしに飛んでいた。

「このバッター、バット当たらんから、真ん中でええぞ〜!」

「ピッチャー、ストライク入らんから、バットいらんやろ!」

声の主は、やはり町北だった。その後、審判から注意を受けた町北は「すみません」と審判にしぶしぶ頭を下げている。

稼頭央は被安打7、与四球6と再三ランナーを背負ったものの、11三振を奪って完投。大島高校が3対1で樟南を破り、ベスト8に進出した。

この試合を機に、稼頭央の置かれた状況は一変する。樟南の西田目当てで球場に訪れたプロスカウト陣が、稼頭央の投球に目を奪われたのだ。大島高校の塗木のもとには、名刺交換に訪れるスカウトが殺到した。

塗木は戸惑いつつも、この現実を受け止めた。

「高校に入った頃の稼頭央は『社会人や大学でやれるピッチャーになりたい』と言っていたけど、目標を切り替える時期にきているのかもしれないな」

加治木《かじき》との準々決勝を4対2で勝った大島高校は、ベスト4に進出。準決勝は名門・鹿児島実業に0対4で敗れたものの、枕崎《まくらざき》との3位決定戦を12対5で制し、3位という好成績で終えた。

さらに稼頭央の株を上げたのは、5月に開催される夏の前哨戦・NHK旗争奪鹿児島県選抜高校野球大会だ。この大会で稼頭央は自己最速となる146キロをマーク。この数字は大きな話題となり、「大島高校に逸材左腕がいる」と全国に知れ渡っていく。

稼頭央との差が開く焦《あせ》り

華やかな光を浴びる稼頭央とは対照的に、深い暗闇をさまよい続けていたのは心太朗だった。

送球イップスは一向に解消されず、1学年上の正捕手である安田秀太郎の牙城を崩せない日々。心太朗は「野球をやめたい」と思い詰めていた。

イップスの恐ろしさは、その影響が守備だけに留まらないところにある。心太朗はイップスを気に病むあまり、打撃の状態も崩していった。

「スローイングのことを考えるうちに、好きだったバッティングも全然打てなくなって、本当に野球がイヤだと思うようになりました」

隣を見れば、日に日に成長していく稼頭央のまぶしい姿があった。高校入学時と比べて体格、ボールの球速、ボールの質と別人のように進化していた。それなのに、自分はキャッチボールすらままならない。「早く稼頭央に追いつかなければ」と思えば思うほど、心太朗の腕は縮こまっていった。

キャッチボールは人間の心と心を通わせるコミュニケーションの隠喩《いんゆ》として、しばしば使われることがある。確かにキャッチボールをすれば、相手のことがよく伝わってくるものだ。フォーム、ボールの回転、目線、キャッチング、ボールの扱い方、声かけ、1球ごとの間合い。そうした細部に人間性が宿り、受け手に伝わってくる。

だが、心太朗はキャッチボールを通して自分の思いを表現できなくなっていた。それは翼をもがれた鳥のようなものだった。

それでも、心太朗はあがき続けた。捕手を諦め、一塁手など別のポジションに転向する道もあった。事実、塗木は西田の一塁起用を本気で考え始めていた。だが、心太朗は捕手であることにこだわった。野球を投げ出さなかった理由は、稼頭央にあった。

「（鹿児島）実業でピッチャーをしたがっていた稼頭央を引き留めて大高に入ったのに、中途半端にファーストにでもなったら責任が果たせない。稼頭央も悩んで大高に決めたのに、自分がバッテリーを組めないのは違うんじゃないか？　稼頭央と自分がバッテリーを組むことに意味があるんじゃないか？」

稼頭央もまた、心太朗の復活を心から願っていた。折を見て、稼頭央は心太朗に「こういう握りをしたら？」「こんなリリースはどう？」「目がける場所をイメージしてみたら」

などと、親身にアドバイスを送った。

稼頭央だけではない。武田涼雅、中優斗、ほかにも多くのチームメートが心太朗を心配し、声をかけてくれた。そんな仲間の存在が、悩める捕手を野球につなぎとめていた。

鹿児島実業の衝撃

２０２１年夏の鹿児島大会で、大島高校はダークホースに挙げられていた。何と言っても２年生エースの稼頭央の存在は大きく、夏の大会前に発行される高校野球専門誌には、大野稼頭央の名前が大きく載っていた。

７月６日、大島高校は鹿児島大会の初戦を迎えた。１回戦の対戦相手は鹿児島中央。春の大会では、稼頭央が15三振を奪って完封したチームである。

だが、与《くみ》しやすしと思われた相手に意外な展開が待っていた。

１回裏の立ち上がり、稼頭央は相手打者に平凡なゴロを打たせた。

「よし、ショートゴロだ」

そう思った次の瞬間、遊撃を守る武田の股の下をゴロがきれいに抜けていった。

「え～！　そのゴロをトンネルするか⁉」

稼頭央はそう叫びたくなる衝動をぐっとこらえた。いつもは味方のエラーに動じない稼頭央といえど、夏の大会特有の緊張感のなかでいきなり起きたトンネル事故に動揺を隠せなかった。

立ち上がりからつまずいた稼頭央は初回に先取点を許し、２回裏には２失点。あまつさえ武田はこの日２つ目となるトンネルを犯して、チームをさらに窮地へと追い込む。

この日、２年生でスタメン出場していたのは、稼頭央と武田のみ。普段はミスを引きずらない武田も、この日ばかりは「これで負けたらどうしよう」と背筋が凍る思いを味わっていた。

試合は７回終了時点で３対６と大島高校がビハインドを追っていた。それでも、大島高校は途中出場のベンチメンバーが奮起し、なんとか逆転。７対６と薄氷を踏むように初戦を突破した。

稼頭央は安堵《あんど》しながら、夏の大会の恐ろしさを体感していた。武田のエラーがなかったとしても、春とは別のチームのような鹿児島中央の迫力に圧倒されたからだ。

「後で聞いたら、中央もすごく研究して毎日１５０キロの球を打っていたらしいです。対戦していて、中央の３年生の『勝ちたい』という思いがこっちまで伝わってきました。夏はたとえ力の差があっても、どこが勝つかわからないなと」

大島高校は続く２回戦も鹿児島南に苦戦したものの、稼頭央が２失点で完投して３対２で勝利。さらに３回戦は鹿児島情報に集中打を浴びせ、10対０の５回コールド勝ち。なお、武田は満塁の走者を一掃する3点三塁打を放ち、勝利に貢献している。

ベスト8に進出した大島の前に立ちふさがったのは、またもや鹿児島実業だった。ただし、春は0対4で敗れていたとはいえ、稼頭央のなかでは「結構通用した」という感触が残っていた。今度こそ強敵を抑え、甲子園に近づける自信があった。

だが、鹿児島実業はそんな淡い希望を木《こ》っ端《ぱ》微塵《みじん》に打ち砕いた。

5回までに稼頭央に9安打を浴びせ、6得点。稼頭央は強いショックを受けた。

「疲れはなく体調万全だし、調子はよかった。鹿実打線を警戒して、研究して試合に入ったのに、それでも打つか……。何を投げても打たれて、投げる球がなくなった。鹿実は自分の想像以上に強かった」

ただ打ち込まれただけでなく、打線も鹿児島実業のエース・赤嵜智哉《あかさきともや》に封じ込められた。4安打完封された春に続き、夏も7回1死まで4安打、零封。赤嵜は身長171センチ、体重67キロのサウスポー。球速は常時130キロ台と稼頭央よりも遅いが、右打者のヒザ元に鋭く変化するスライダーは高校生打者には攻略困難のウイニングショットだった。

そして大島高校にとってショックだったのは、赤嵜がまだ2年生という事実だ。大島高校が甲子園に出るためには、赤嵜という壁を越えなければならない。そして稼頭央は同じ学年の左投手として、赤嵜を強く意識するようになる。

高校2年の夏は鹿児島ベスト8で終え、いよいよ稼頭央たちの学年が最上級生になる新チームが始まった。

第4章

新チーム始動

名門グラウンドに轟《とどろ》く奇声

その声を初めて聞いた時、誰もが「えっ?」と驚き、絶句してしまうだろう。

「ハイィィィ〜ヤ!」

指導者から叱責を受けた鹿児島実業の選手が、大声で返事をする。凄まじい声量と独特のイントネーション。語尾が「上がる」というより、語尾で「抗《あらが》う」ような攻撃性を感じる。指導者からの言葉をただ受け入れるだけでなく、返事を通して自分の激情を相手にぶつけているかのようだ。代々、先輩から引き継がれている伝統的な作法だという。

内野手の送球が少し逸れただけで、懲罰交代。控え投手が四球を連発しただけで、途中交代。大島高校の野球部員はみな、鹿児島実業のグラウンドでおびえながらその光景を見つめる。自分たちの知っている野球とは異質のものが、そこで展開されていた。

「そうそう、これが実業だよな」

大島高校監督の塗木哲哉は、満足そうに選手の反応を見ていた。鹿児島実業との練習試合こそ、鹿児島遠征最大の目的と言っても過言ではなかった。

8月に入ると、大島高校は夏休みを利用して鹿児島本土へ遠征に出る。新チームとして秋の大会までに対外試合ができるのはこの遠征が最初で最後という貴重な機会だ。鹿児島実業監督の宮下正一と塗木が懇意の関係ということもあり、毎年鹿児島実業のグラウンドで練習試合を組む。それが大島高校にとって夏の通過儀礼のようになっていた。

塗木はその効果を語る。

「実業のグラウンドは独特の空気感があって、この場所がすごくいいんですよ。公式戦で使う県立球場（平和リース球場）以上の緊張感がある。島では感じられない実業の雰囲気の前に、最初は全然力を発揮できない選手もいます。でも、2試合目くらいでようやく慣れてくる。実業の雰囲気を経験すれば、公式戦もラクにプレーできるようになります」

といっても、鹿児島実業の真似をしろという意味ではない。なにしろ、大島高校が掲げるチームスローガンは「エンジョイング・ベースボール」である。塗木は「『ＩＮＧ』がつくところがポイントなんです」と笑う。

「慶應義塾高校の『エンジョイ・ベースボール』は有名ですけど、自分たちは『エンジョイング・ベースボール』と現在進行形なんです。世代をつないでいく、ピンチとチャンスをつないでいく、といった意味を込めています。生徒たちは試合になると、自分たちで『エンジョイング・ベースボールだ！』と言い出しますよ」

鹿児島実業の圧力にも負けずに、試合を楽しむ。それが大島高校の選手気質にマッチし、強みになると塗木は考えている。

かつて進路を決める際に鹿児島実業と大島高校との間で揺れ動いた大野稼頭央は、「鹿実では無理だったろうな」と感じていた。

「鹿実に行っていたら、たぶん野球をやめるか、練習しなくなってベンチ外だったんじゃないですか。性格的に気分屋なところがあるので、あの雰囲気にはついていけなかったと思います。練習でも常に『楽しくありたい』と考えるタイプなんで」

その思いは捕手の西田心太朗も同じだった。

「私立はいい選手がたくさんいるから、自分がダメでもほかの選手がいる。スローイングがダメになった自分には、誰もかまってくれなかったんじゃないですか。僕の偏見かもしれないですけど」

心太朗の言う通り、それは偏見だったのかもしれない。鹿児島実業の宮下は、稼頭央と心太朗を当人が思う以上に高く買っていたからだ。

「ウチは人数を絞って声をかけますから、島の2人でバッテリーを組む構想でした。稼頭央のことは中3の5月くらいに初めて奄美で見ました。小柄でもダイナミックなフォームで、野田（昇吾／元西武）と重なって、見ていてワクワクしましたね。赤嵜（智哉）との二枚看板で西田が正捕手になれば、十分いけると思いました」

鹿児島実業は1996年春に下窪《しもくぼ》陽介（元横浜）を擁してセンバツ優勝を飾っているが、夏の甲子園での優勝経験はない。宮下は稼頭央に対して「夏の優勝旗を獲りにいこう」という誘い文句を用いている。

２０２１年夏の練習試合では、１試合目は稼頭央が登板した大島高校が勝ち、２試合目は鹿児島実業が勝利した。とはいえ、公式戦で２戦２敗している鹿児島実業エース左腕の赤嵜が故障のため登板を回避しただけに、大島高校にとっては自信を深める一戦にはなりえなかった。

新チームの守備問題

塗木は悩みあぐねていた。

新チームはエースの稼頭央が大黒柱になるのは間違いない。だが、それ以外のポジションをどのように固めるべきか、方向性に迷いがあった。

最大の懸案事項は、捕手の心太朗である。スローイングが不安定な心太朗に正捕手を任せていいのか。塗木は１年生捕手の田邊瑛吉《たなべえいきち》の起用を本気で考え始めていた。

内野陣の不安定な守備力も悩みの種だった。とくに遊撃を守り、新主将に指名した武田涼雅は、相変わらず試合でエラーを連発していた。武田と同じ朝日中出身で控え投手でもある前山龍之助は、三塁を本職としたがやはり守備が安定しなかった。大の苦手にしている学業面でもつまずき、学校生活でも乗り切れていなかった。

塗木が考えていたのは、１年生で野球センスに優れる有馬航大《ありまこうだい》、体岡大地《たいおかだいち》の２人を二遊間で起用する構想だった。

「ショートに航大、セカンドに大地を使って、武田をファーストに回そう。前山は内野だと厳しいから、外野に回すことも考えないと」

夏休みの遠征中、鹿屋中央との練習試合では塗木の構想通りの布陣を試してみた。捕手に田邊、一塁に武田、二塁に体岡、遊撃に有馬。だが、塗木はまったくといっていいほど手応えを得られなかった。

「野球は技術だけじゃないな。1年生がこれだけ入ると、こんなに弱く感じるのか……」

練習試合は鹿屋中央に連敗。試合後、塗木は鹿屋中央監督の山本信也に「どう思う?」と聞いてみた。すると、山本はこう答えた。

「やっぱ、武田はショートでしょう！ 戦っていて、圧が違うから」

その言葉は塗木の胸にストンと落ちた。単純な守備力だけを考えれば、1年生を使うべきだろう。だが、チームにとって一番いい形を考えた時、武田は遊撃を守ったほうがいいという結論に達した。

高校入学時点での武田は欲がなく、のほほんと日々を過ごしていた。

2014年に大島高校が21世紀枠でセンバツに出場した際、稼頭央をはじめ多くの野球少年は甲子園へ観戦に出かけたが、武田は行かなかった。それまでは甲子園というものをリアルに描けずにいたが、稼頭央や心太朗とプレーするなかで「本気で甲子園を狙えるかもしれない」という心境になっていた。

「中学は『野球は楽しめればいいや』と緩い気持ちでやってたんです。高校ではピッチャーをやりたくて、『大高でエースを目指そう』と思ってました。でも、『甲子園に行きたい』という明確な目標ができて、家でも素振りをするようになりました」

武田は言葉巧みにチームを引っ張るタイプではない。だが、いくらエラーを重ねようと前向きな声を出し、勝利を求める姿はチームを勇気づけた。

そして、もう一つの懸案事項だった捕手についても、塗木は一つの考えに行き着いた。

「心太朗の配球なら、稼頭央の球数が減るだろう。要所でうまく打たせる配球ができるから、少ない球数で1試合を投げ切れるのは大きい」

夏までの稼頭央は三振を狙いにいくあまり、外角中心の配球でファウルが増え、球数がかさむ傾向にあった。だが、心太朗は内角もうまく使い、少ない球数で抑えるリードができる。大会で勝ち進めば稼頭央の負担が増えるだけに、球数はできる限り減らしたい。塗木はスローイングに目をつぶり、心太朗の配球と打撃力にかけた。

打順も稼頭央を中心に考えた。運動能力の高い稼頭央は打撃力もあり、足も速いため出塁率が高い。そこで稼頭央を2番に据え、クリーンアップは練習試合でさまざまなパターンを試した。最終的に落ち着いたのは、3番・武田、4番・心太朗の右打者コンビ。そして5番に新チームから中堅のレギュラーに座った、左打者の中優斗で落ち着いた。

鹿児島遠征は終盤に雨にたたられたものの、12試合を消化。7勝5敗とやや不安の残る内容だったが、チームの形は徐々に見え始めていた。

天敵はフェリー

立っているだけで自分の頭がグラリと揺れると、有馬航大は「あ、来るな」と悪魔の到来を察知する。触らぬ神に祟《たた》りなし。すぐに横になり、目を閉じる。だが、五臓六腑《ごぞうろっぷ》から突き上げるような大きな揺れの前に、有馬はどんどん青ざめていく。我慢の限界を迎えてトイレに駆け込み、有馬は洋式便器に向かって嘔吐《おうと》した。

大島高校の野球部は鹿児島本土で試合があると、フェリーに乗って本土に向かう。21時20分に名瀬港を出発すると、翌朝8時30分に鹿児島新港に到着する。選手たちは「2等和室」という、もっとも等級の低い船室で過ごす。畳敷きのスペースにマットと枕が個別に並び、横になると隣同士の頭部を隠すように簡素な間仕切りがある。有馬はフェリーに乗ると、いつもこの船室で横になって過ごすことにしている。

有馬は極度の乗り物酔いに悩まされていた。奄美大島で生まれ育ち、小中学生時代から何度もフェリーに乗った経験があった。だが、高校に入って初めてフェリーに乗った時、今まで感じたことのない吐き気を覚えた。

「一度感じてしまったら、そこからずっとフェリーが苦手になってしまいました」

乗船する前に、タラップから波打つ海面を見るだけで憂鬱《ゆううつ》になる。海が時化《しけ》ると波も大きくなるだけに、航海中は穏やかな天候になることを祈るしかない。有馬にとってフェリーでの船旅は天敵と言ってよかった。


有馬は1年生ながら、新チームから1番・二塁手に定着していた。身長１７５センチ、体重61キロと細身で、スラリと伸びた足は小鹿のよう。奄美市立小宿《こしゅく》中時代から左打者として島内で名を馳《は》せ、6歳上の兄が通っていた縁もあって大島高校に進学。1年夏からベンチ入りを果たしたアベレージヒッターである。


乗り物酔いがひどくなって以来、有馬は本土でのプレーに異変を覚えるようになった。

「フェリーから降りた後もしばらく揺れてる感じがするんです。平地なのに酔ってしまうこともあって。本土に着いた初日は、練習してる時も『ちょっと揺れてるな』と思ってしまうんです」

フェリーに揺られて11時間あまり。錦江湾《きんこうわん》沿いにある鹿児島新港に到着する。ガラス張りの待合室からは、眼前にそびえる鹿児島のシンボル・桜島が望める。観光者であれば誰しも興奮を覚えそうなロケーションだが、大島高校の選手たちは誰一人として興味を示さない。三塁手の前山はつまらなそうな表情で言う。

「桜島って言っても、島にあるそこらへんの山と変わらんですよ」

大島高校の部員は前山に限らず海には愛着はあるものの、山に対しては驚くほどそっけない。稼頭央はその理由をこう考えている。

「奄美大島は急な山が多いし、子どもが登れなくて遊べないからじゃないですか。ハブとかイノシシが出て危ないし、遊ぶとしたら海が多かったですね」

こうして鹿児島本土に降り立った大島高校は、９月26日に秋季鹿児島大会の初戦を迎えた。そして、フェリーから降り立っても本調子を取り戻せない有馬の二塁ゴロエラーによって、先取点を許したのだった。

まさかの初戦敗退の危機

初戦の相手は鹿児島工業。かつて中迫《なかさこ》俊明が監督を務めた２００６年夏、２００８年春と甲子園に出場した県立工業高校だ。近年は甲子園から遠ざかっているが、鹿児島ベスト８にしばしば顔を出す、侮れない相手である。

３回表に先取点を許したとはいえ、塗木に焦りはなかった。「秋のチームとしては歴代ナンバーワンの打力がある」という自信があり、大会前の紅白戦でも打線の調子はよかったからだ。鹿児島工業の先発左腕・椎原稜斗も速球に力があるタイプではなく、「いつかは打てるだろう」とゆとりがあった。

ところが、大島高校の打者がとらえた強烈な打球は、ことごとく野手の正面を突いてしまう。稼頭央が放ったレフトへのヒット性の打球は、相手左翼のダイビングキャッチで阻まれた。塗木は「外野のビッグプレーが決まると、流れが来ないんだ」と臍《ほぞ》を嚙みながら戦況を見守っていた。

試合後半から塗木が積極的に指示を出すようになったものの、スコアボードにはゼロが並び続けた。８回表には好投を続けていた稼頭央が追加点となるタイムリー安打を許し、点差は２点に広がった。塗木は内心、「これは間に合わないかもしれない。負けたら俺のせいだ」と初戦敗退を覚悟した。

有馬だけでなく、大島高校の選手たちは本土に着いて迎える初戦を苦手にしていた。思えば夏の大会初戦も、武田が２つのトンネルを犯した影響もあって春に完勝したはずの鹿児島中央に大苦戦している。

９回裏、先頭打者として打席に入ったのは、４番打者の心太朗である。

「やばい、負けたな」

ネガティブな感情に侵食されつつも、心太朗は「なんとか塁に出ないと」と胸に秘めてバットを構えた。

ただし、秋の大会を前に打撃の状態は上がっていた。それまで足を高く上げてボールを呼び込んでいたが、すり足のフォームに変えたところ感触がよくなったのだ。

大会前のフリー打撃や紅白戦で結果が出ていたわけではない。それなのに、この日の心太朗は2本のヒットを放ち、出塁していた。その勢いに乗れたのか、心太朗はセンター前に打球を運び出塁する。

西田のヒットを見て、5番・中は「このまま終わる感じはしないな」とゆとりを持って打席に入れた。中がレフト前ヒットでつなぎ、無死一、二塁。ここで6番・前山は送りバントを試みた末に、一塁へヘッドスライディング。これが内野安打となり、チャンスは無死満塁へと広がった。

2ケタ背番号のラッキーボーイたち

ヘッドスライディングをした際に前山が手を負傷したため、代走には体岡が起用された。打席に入ったのは、途中から左翼に入った背番号13の白畑《しらはた》勝喜郎《しょうきろう》である。

白畑は龍郷野球スポーツ少年団、龍南中と稼頭央のチームメートであり、幼馴染でもある。小学生時には集落全体を使った鬼ごっこに白畑も参加している。

「稼頭央は『ここにいそうだな』と行動が読みやすいので、結構やらかしていました。見つからないよう隠れるんじゃなくて、道路の真ん中に突っ立っていたりして。1人だけ違うことをして、すぐつかまっていましたよ」

当初は大島高校で野球部に入るつもりはなかったが、稼頭央から「どうせやりたいことないんだろ?」と誘われ、野球部に入部した。そんな身長167センチの小兵は、この重要な局面で大きな仕事をやってのける。カウント3ボール2ストライクのフルカウントから、デッドボールを受けたのだ。

8回まで二塁すら踏めなかった大島高校にとって待望の1点目は、押し出し死球によってもたらされた。だが、続いて8番・一塁で起用された田邊は、あえなく三球三振に倒れてしまう。一死満塁の状況で、打順は途中から右翼のポジションに入っていた背番号15の青木蓮《れん》に回ってきた。

青木は奄美市立朝日中の出身で、中学時代は武田や前山らと県大会ベスト4を経験しているメンバー。離島甲子園にも奄美市選抜に選ばれた実力者である。中学時代からライバルチームとして何度も対戦している心太朗は、青木をこのように評している。

「チャンスでは何かをやる期待感のあるバッターで、中学時代から本当にイヤなバッターでした。（青木）蓮には試合中のどこかで打たれるイメージがありました」

お互いに譲り合い、自己主張ができない選手が多い大島高校にあって、青木は珍しく「俺がレギュラーになる」と強気に宣言するような貪欲さを持っていた。

小学生の頃は同級生の武田とともに「悪ガキ」として有名だった。校長室に一度ならず二度までも呼び出され、「次に来たら学校をやめさせる」と最後通牒《つうちょう》を突きつけられた。

だが、青木は懲りずに3回目の呼び出しを受けている。実際に学校をやめさせられることはなかったが、何度も反省文を書かされるなかで強烈な反骨精神が養われていた。

併殺になれば試合終了という場面でも、青木は自信を持って打席に入っている。カウント2ボール2ストライクから青木はバットを振り抜いた。ところが、ボールはバットの先端に当たり、一塁方向に転がった。

「あっ、やばい」

そう思った青木だが、当たりどころが悪かった打球は、不規則な回転がかかっていた。

「内野からするとイヤな回転のゴロだな」と青木が他人事のような感想を思い浮かべていると、案の定、一塁手がゴロを弾く姿が見えた。幸運な打球によって、大島高校は同点に追いついた。

ここで鹿児島工業は好投していた椎原から右投手の小牧《こまき》武琉《たける》にスイッチする。だが、大島高校は千載一遇のチャンスを生かしきれない。

制球が定まらない小牧の様子を見て、塗木は打席に入る有馬に「2ストライクまでは打つな」と指示を送る。ところが、有馬はまだ本調子ではないのか3ボール1ストライクから打って出て、ファウルに。最後はショートゴロに倒れた。

続く稼頭央もレフトフライに倒れ、試合は延長戦にもつれ込んだ。延長10回裏も中が二塁打を放ってチャンスをつくったものの、無得点。1人で投げ抜く稼頭央の球数は180

球に達した。塗木は「本当なら9～10回で終われた試合だな」と苦虫を噛み潰した。

延長12回裏、大島高校は二死走者なしから中がこの日3本目となるヒットを放つなど、二死一、二塁のチャンスを迎える。ここで9回裏に押し出し死球を受けた白畑が打席に入る。「デッドボールの次の打席もエラーで塁に出られていたので、乗っていけた」という白畑は、1ボールからセンター前に打球を運んだ。

2ケタ背番号のラッキーボーイが持ち味を発揮し、大島高校の勝利は近づいた。

監督に背いた三塁ベースコーチ

一塁側ベンチでは、塗木が「回せ！」と大声を発していた。二塁走者の中が生還すればサヨナラ勝ちである。塗木は日頃から三塁ベースコーチに対して、「いざとなったら俺が判断する」と伝えている。本来であれば、三塁ベースコーチは塗木の意向通り二塁走者の中を本塁に還《かえ》すよう指示すべきだった。

ところが、三塁ベースコーチは「ストップ」の指示を出し、中の足を止めている。その直後、中堅から捕手に向かって好返球が戻ってきた。もし回していれば、中はアウトになっていた可能性が高い。

三塁ベースコーチを務めていたのは、背番号7の竹山陸斗《りくと》である。竹山はこの日、7番レフトで先発出場し、途中で白畑を代打に送られて交代していた。

「塗木先生が『回せ』と叫んでいたのは聞こえたんですけど、自分の判断で止めました。センターは前進守備でしたし、（白畑）勝喜郎の打球も強くて、ワンバウンドで捕った時には（中）優斗もまだ三塁ベースを踏んでなかったのでアウトになると思いました」

竹山もまた、稼頭央と縁が深い選手だった。小学生時は稼頭央と白畑と同じ龍郷野球スポーツ少年団に在籍し、龍郷町立赤徳中では野球部員が2名しかいなかったため、稼頭央と白畑が通う龍南中との合同チームに参加した。

竹山は中学まで捕手を務めており、稼頭央とバッテリーを組んだ。稼頭央も「陸斗は心太朗と同じくらいワンバウンドを後ろに逸らさないし、配球もよかった」と信頼を置いていた。高校進学後は外野手に転向し、青木や白畑らと左翼のレギュラーを争っていた。

捕手経験のある竹山は、「常に先のことを考えて、読むタイプ」と自己分析する。この場面でも、竹山の特性がプラスに表れた。

「センターの肩が強いのは知っていましたし、次の（田邊）瑛吉は調子がいいし、選球眼も悪くないので、次に何かがあるかなと考えていました」

一方、塗木は竹山の好判断に感服していた。監督の指示に背く格好にはなったが、この竹山の姿勢こそ塗木が選手に求めてきたことだったからだ。

「人から言われたことをコピー機のようにやるのはダメだと、普段から言っているんです。

自分のなかに落とし込んで、違うと感じたらやらなくていい。最後は『○○に言われたから』というのではなく、自分で判断しろと。野球の勝負は、その場に立ってみないとわからないところがある。そこで間違ったとしても、責めることはありませんから」

竹山の冷静な読みは的中する。二死満塁となった後、続く田邊は4球連続でボール球を見送って押し出し四球。結果的にタイムリーヒットは1本も出ない綱渡りの試合だったが、大島高校はサヨナラ勝ちで初戦を突破した。

心太朗の闇《やみ》と希望

この秋、大島高校は「死のゾーン」に入っていた。

コロナ禍のため地区大会が開催されず、全校ノーシードで組み合わせ抽選が組まれたため、大きな偏りが出たのだ。夏の鹿児島大会でベスト8に入った8校がすべて、トーナメント表の右側のブロックに組み込まれた。樟南、鹿児島実業、神村学園、れいめいといった甲子園を狙う強豪は、すべて右側に固まっている。

鹿児島から秋季九州大会に進出できるのは決勝に進出する2校。つまり、大島高校が九州大会に出るには、死のゾーンを突破する必要があった。

そんななか、2回戦で対戦する尚志館《しょうしかん》は夏の鹿児島大会でベスト8に入った強敵である。

尚志館は中4日で先発登板した稼頭央に2本のソロ本塁打を浴びせるなど、9安打4得点を奪い実力を見せつけた。

だが、この日の大島高校は打線が活発だった。2番に入った稼頭央が3安打1四球とチャンスメークすると、4番の心太朗が4安打2打点の大暴れ。さらに負傷した前山に代わってスタメン起用された1年生の体岡が2打点を挙げるなど、14安打8得点。大島高校が8対4で尚志館を下し、2回戦を突破した。

3回戦で対戦した鹿屋農業も、夏の鹿児島ベスト8に進出した実力校である。この試合は中1日で先発した稼頭央と鹿屋農業の先発左腕・楠原裕也がお互いに好投し、5回まで無得点の投手戦になった。

そんななか、6回裏に打撃好調の心太朗が先制のタイムリー安打を放ち、大島高校が1対0とリードする。6回まで被安打4、奪三振7と快調な投球を見せていた稼頭央なら、このまま逃げ切れるように思えた。

だが、好事魔多し。落とし穴にはまったのは、心太朗だった。

7回表の鹿屋農業の攻撃は、二死二塁。カウント2ボール、2ストライクと3アウトが目の前に迫っていた。ところが、ここで二塁走者の大坪龍太が意表を突いてスタートを切る。三塁へ送球しようとした刹那《せつな》、心太朗の脳裏にあるささやきが聞こえてきた。

「『一つのミスで逆転されたらどうしよう？』と考えてしまって、本気で刺しにいけなかったんです。サードの（体岡）大地はカバーしてくれるので、自信を持って投げられる場面だったはずなんです。でも、この時の僕は『お願いだからいいところへ行ってくれ』と投げたボールが、引っかかってしまって……」

心太朗の三塁送球は体岡も止められない悪送球となり、大坪が生還。まさに大島高校の弱点を突く形で、鹿屋農業が同点に追いついた。

心太朗は「やってしまった」と失敗を引きずっていた。エラーを引きずらない遊撃の武田と違って、心太朗は思い悩む性格だった。

「（武田）涼雅は打てなくても声を出したりして、切り替えるのがうまいんです。でも僕はミスをすると落ち込んで、カラ元気が出せない。チームが苦しいと自分も引きずられて、周りが見られなくなるんです」

司令塔に歩を合わせて、チームごと沈んでも不思議ではなかった。それでも、踏ん張ったのは稼頭央だった。8、9回と2イニング連続三者凡退に抑え、鹿屋農業に傾きかけた流れを引き戻した。

9回裏、先頭打者として打席に向かう心太朗に、塗木が声をかけた。

「相手も気持ちで押してくるから、絶対に押し負けるな。押し返せ！」

心太朗はその言葉を受けて、「ボールに負けないように、ヘッドをきれいに返そう」と強く意識した。その瞬間、自分の過去の失敗も、気負いも、すべて頭から抜け落ちた。余計なものを削《そ》ぎ落とし、やることがシンプルになっていた。

心太朗が「塗木先生に言われた通り、割り切って打てた」という打球は、センター前へ飛んだ。続く打者は、勝負強い5番の中である。

「ここで一本打てば、次につながる」

無欲でバットを振った中の打球は、ライナーで左中間を真っ二つに抜いていった。秋の大会前から「相手のエラーを誘う打球を打とう」と、自主練習からライナーの打球を打つ練習ばかりを繰り返していた。ほつれたネットから打球が飛び出し、何度も草むらでハブよけの専用トングを使ってボールを拾ってきた。その成果を発揮したのだった。

一塁から心太朗が長駆ホームインし、大島高校がサヨナラ勝ち。苦しみながらも、ベスト8に進出した。

続く準々決勝で対戦する川内《せんだい》は、神村学園、鹿児島商業と強豪がひしめくブロックを勝ち上がってきた。だが、大島高校は塗木の「低めのスライダーを捨てる」という指示を打線が実践し、相手投手陣の四死球を誘発。13対0と思わぬ大差で5回コールド勝ちを収めた。中5日で先発した稼頭央も球数が77球と節約でき、理想的な形でベスト4に進出した。

準決勝で対戦するのは、れいめい、鹿屋中央、鹿児島実業が割拠する壮絶なブロックを勝ち上がってきた樟南である。大島高校にとっては、1年生大会で屈辱を味わわされた因縁の相手。稼頭央は「絶対に樟南を潰《つぶ》そう」と意気込んでいた。

第5章

鹿児島王者

町北周真の真実

町北周真は絶えず、「大阪に帰りたい」と考えていた。

「大阪と鹿児島でこんなに違うんや？　ってことがたくさんあり過ぎました」

大阪府四条畷市で育った町北は、中学時代に寝屋川中央シニアに所属。大阪の強豪校・履正社《りせいしゃ》に憧れ、履正社が甲子園に出場すれば球場まで見に行っていた。

進路先も履正社を第一志望にしていたが、「最後の1人という枠で入れなかった」と縁がつながれず。ほかにも推薦の話が来ていたなかから、「一番甲子園に近い」と感じた樟南を選んだ。中学卒業と同時に親元を離れ、鹿児島で寮生活を送ることになった。

中肉中背の体つきに、つぶらな瞳が印象的な愛嬌のある顔立ち。その姿からは攻撃性は微塵も見えない。だが、ひとたび野球のユニホームに身を包むと、町北の印象は一変する。ある大島高校の野球部員は「あいつはサイヤ人みたい」と評した。漫画『ドラゴンボール』に登場する、「戦闘民族」と称される宇宙人のことである。そんな戦闘民族は入学以来、チーム内に波紋を広げることも多々あった。

練習中、指導者から「走ってろ！」と部員全員で罰走を命じられた時のこと。水を打ったように静かになったチームのなかで、1年生の町北が明るいトーンで「さあ、行こ

〜！」と大声を出す。すると、周囲は「はあ？」としらけたムードになってしまった。大阪では苦しい時こそ明るく乗り越えてきただけに、悲壮感に包まれる鹿児島の雰囲気は町北にとって驚きですらあった。

アピール方法も「大阪式」しか思い浮かばなかった。積極的に声を出してチームに活気をもたらそうとするが、それも裏目に出る。中学まではごく当たり前だった言葉が鹿児島では「ヤジ」とみなされ、先輩や審判からことごとく注意されてしまった。

「『バットに当たらんから真ん中でええぞ！』とか、『ストライク入らんからバットいらんやろ！』とか、全然許容範囲だと思ってました。大阪やったらかわいいもんですし、大阪では観客からもホンマにひどいヤジが飛びますからね」

ヤジに耐え、むしろ跳ね返すくらいのメンタルがなければ試合には勝てない。そんな文化で育ってきた町北にとって、おとなしい選手の多い鹿児島は歯がゆさが募《つの》った。町北は

「基本、ずっと『大阪に帰りたい』と思ってましたね」と明かす。

とはいえ、町北のアグレッシブさは樟南監督の山之口《やまのくち》和也《かずなり》が求めていた部分でもあった。

「地元を離れて鹿児島で勝負したいという気持ちの強さは、何らかの形で勝負に出ます。鹿児島の生徒に発破《はっぱ》をかけて、『さらに頑張らないと』と競争をあおる存在になってもらいたいと考えていました」

実際に町北は2年生の夏には1番打者として牽引し、決勝戦で鹿児島実業を破って甲子

園に出場している。その攻撃性はチームに大きなプラスをもたらした。

鹿児島県内では鹿児島実業と並んで双璧を成す樟南だが、平日放課後の練習時間は2〜3時間と短く、部員数も1学年あたり十数名程度と多くはない。町北たちの学年はスポーツ推薦で入学した選手が10名、一般入試から入部テストを受けて入った選手が1名と、1年生大会も故障者が出たら棄権もあり得る人数で出場している。

38年もの長きにわたって監督を務めた枦山智博《はぜやまともひろ》が2010年夏に勇退後、教え子である山之口が監督に就任した。山之口は枦山時代からの伝統である「守りの野球」を踏襲《とうしゅう》しつつ、選手の自立を求めた。

「ウチの練習量はかなり少ないほうだと思います。でも、やらされる練習ではなく、自分で足りない部分に気づいて、求めていく練習をしてほしいんです」

伝統校特有の厳格さと個性を認める自主性。そうした環境ゆえ、町北に限らず選手個々の我は際立って強かった。2年秋からエースになった永吉浩志《ながよしひろし》は言う。

「みんな『俺が俺が』という思いが強くて、個々の能力は高いけど、まとまりという意味では難がありました」

こうした背景があり、大島高校にとっては「ガラが悪い」という悪印象に結びついてしまっていた。また、物議を醸《かも》した1年生大会の町北のパフォーマンスにも、町北サイドのストーリーがあった。

町北は1年生大会で対戦する前から、大野稼頭央という存在を認識していたという。

「樟南も獲ろうとしていたピッチャーと聞いていましたし、県トップクラスなんやろうなと。左ピッチャーに苦手意識があったので、『ちょっとイヤやな』と思ってました」

ところが、稼頭央は先発を回避。町北は内心「ラッキー」と思いながら打席に入ったのだが、大島高校ベンチからこんな声が聞こえてきた。

「このバッター、バットに当たらないから！」

声の主を探すと、ベンチ隅から鹿児島弁で大声をあげる大男の姿があった。大島高校監督の塗木哲哉である。

「なんや、変な方言やな。腹立つなぁ」

フラストレーションのたまった町北は、1打席目からレフト前へ鋭いライナーを放って出塁。さらに2打席目にはホームランを放ち、溜飲《りゅういん》を下げた。

そこでやめておけばよかったのだが、興奮を抑えられなかった町北は、大島高校ベンチに向かって「島に帰れ！」と暴言を吐いてしまう。ただ、これは大島高校の選手というより、監督の塗木に向けて放った言葉だという。

「監督がごちゃごちゃ言ってたんで、うるさいなと思って」

すぐさま塗木に注意するよう促された審判によって、町北は厳しく注意を受ける。その後、ほどなくして町北は別の異変に気がついた。

「意味のわからないボール球のコースを『ストライク』と取られるようになったんです。自分の態度が悪かったのもあるのかもしれないですけど、腹が立ってしまって」

　そして、マウンドには途中から登板した稼頭央が立っていた。初球にヒザ元にあわやデッドボールという危ない球が来た。かろうじてよけた町北の目には、稼頭央の目が「半笑いに見えた」という。

「目が『ストレート投げるぞ』と言っているようでした。『絶対打ったろ！』とホームランを狙っていました」

　町北がインコースのストレートを一閃《いっせん》すると、打球はライトフェンスを越えていった。そして例の「町北ポーズ」をすることになる。だが、実はこのパフォーマンスは大島高校に対してではなく、球審に向けてやったのだと町北は弁解する。

「『さっきはあんなことを言ってしまってダメでしたね、今度はしませんから』という意味を込めて、審判に『ダメ、ダメ』とバツのポーズをつくったんです。やったらダメに決まってるんですけど、ストライクゾーンのことで頭に来ていたので審判をあおるためにやりました。本当に最悪なんですけどね」

　だが、大島高校の部員・関係者はそのようにとらえていなかった。侮辱されたと感じた選手たちは「打倒・樟南」に執念を燃やすようになり、より一層練習に身が入るようになった。また、大島高校野球部のなかでしばらく「町北ポーズ」が流行するという、二次的な影響もあった。

樟南の誤算

10月11日、準々決勝から中1日空けて大島高校と樟南の準決勝が平和リース球場で行われた。この試合の口火を切ったのは、またも町北だった。

「1巡目はストレートで押してくるのはわかっていたので」

稼頭央を研究して配球を完璧に読み、ストレートを右中間に弾き返す二塁打。幼少期からオリックス時代のイチローの打撃動画を参考につくり上げた振り子打法は、この日も猛威を振るった。樟南はいきなり二死二塁とチャンスを迎えた。

続く4番・濵島《はましま》航生《こうせい》は空振り三振に倒れ、3アウトチェンジになるかに見えた。だが、ここで捕手の西田心太朗のイップスが顔を出す。ワンバウンド投球を弾いた心太朗が、空振りした濵島をアウトにするため一塁に送球。そのボールがショートバウンドになり、一塁の田邉瑛吉が弾いた。町北は迷いなく本塁に向かった。

「西田の送球が悪いのは気づいていました。盗塁は確実にできると思っていましたし、振り逃げで一塁に投げる時の送球も悪いと分析していました。大野は簡単に打てるピッチャーじゃないし、取れる時に点を取らないといけないので、この時はすぐに『ホームを狙おう』と思いました」

またも送球ミスで得点を奪われた心太朗は、「また自分のせいで苦しい展開になるな」と自分を責めた。

樟南の先発・永吉は立ち上がりからピンチをつくりながらも、要所を抑えてスコアボードにゼロを重ねていった。永吉は秋の時点で最速１３９キロのスピードがある右投手で、1年生大会でも大島高校から6イニングで11三振を奪っている。だが、秋の大会中に脇腹を痛めた影響もあり、大島高校戦での球速は常時１３０キロにも満たなかった。それでも、永吉はこの投球スタイルに手応えを覚えていた。

「コントロールを重視して、テンポよく打たせて取れば打たれないと気づいたんです。球数も少なくなるし、自分にはこのスタイルが合っていると気づきました」

球速をセーブしているといっても、ただのストレートではない。心太朗は永吉の球質に目を丸くした。

「クセのないフォームなので『普通に打てるかな』と思ったら、ボールが伸びてきて当たらないんです。高めのボールは当たらないイメージでした」

町北をはじめ、試合になると直情的になるチームメートを永吉は「ああ、またやってるな」と一線を引いて見ていた。「ヒットを10本打たれようが、ホームに還さなければいい」という投球哲学を持つ永吉は、常に冷静な投球ができた。仮にヤジを飛ばされたとしても、「点を取れないクセに。言うだけ言わせておこう」と受け流す度量があった。

7回表には1番打者の西窪大翔《にしくぼひろと》のタイムリーヒットが出て、樟南がリードを2点に広げた。一方、永吉は7回まで大島高校打線を3安打に抑え零封。試合は波乱なく、最終盤を迎えようとしていた。

ところが、思わぬところで綻《ほころ》びが生まれる。8回裏、先頭打者の1番・有馬の放った二塁ゴロがエラーを誘ったのだ。樟南監督の山之口にとっては、恐れていた事態だった。

「レギュラーショートの畝《せ》地竣己《ちしゅんき》が（3回戦の）鹿屋中央戦でヒザに自打球を受けて骨折して、使えなかったんです。セカンド、ショートは初めて試合に出るような生徒で、畝地がいなかったのは痛手でした」

2番の稼頭央がバントで送り、一死二塁。ここで3番・武田はセンター方向にフライを放った。地面に落ちるか、落ちないか判断の難しい打球は、中堅を守る西窪の前で弾んだ。西窪は町北とともに、2年夏の甲子園をレギュラーとして経験した強肩外野手である。マウンドの永吉は「この打球なら、セカンドランナーは回らないだろう」とたかをくくった。

ところが、二塁走者の有馬は三塁ベースコーチの竹山陸斗の制止を振り切り、敢然と三塁を回ってホームを目指していた。

「なかなかチャンスをつくれていなかったので、思い切って自分の判断で行きました。センターが打球を少し下がって捕ったのが見えたので、勢いのあるボールは投げられないという計算もありました」

暴走と紙一重の有馬の走塁を見て、西窪は急いでバックホーム。ところが、送球は大きく逸れてしまう。あまつさえ、有馬が本塁に突入すると想定していない永吉はバックアップを怠っていた。送球間に二塁を目指していた打者走者の武田は、二塁を蹴って三塁まで到達。同点のランナーが三塁まで進んだ。

永吉は自分のミスを悔やんだ。

「セオリーなら三塁で止まる場面でしたけど、バックアップを忘れたのは自分のミスです。試合終盤の１球に対する集中力が足りなかった」

続く心太朗はセンターへ高いフライを放った。

「こすって浅い打球だったんですけど、(武田)涼雅が走る構えをしていたので、『なんとかセーフになってくれ』と祈っていました」

心太朗の願いが通じたのか、武田は好走塁で本塁に生還。大島高校が樟南のミスに乗じて２点を返し、同点に追いついた。

延長13回の死闘の果て

最高気温は32度。10月も半ばに差しかかろうというのに、マウンド上は強烈な熱気が充満していた。稼頭央には、「同点になってからの記憶がない」という。

「暑いし、ずっと僅差でもつれて、1点もやれない。一つのミスが命取りになるので甘いボールは投げられないし、フォアボールも出せないし、バント処理だって気を抜けない。ただ無心でボールを投げ続けるだけでした」

1回戦からハードな組み合わせが続いたこともあり、稼頭央は準決勝までの4試合35イニングをすべて1人で投げ抜いてきた。蓄積された疲労もあっただろうが、9回以降の稼頭央の投球はさらに冴《さ》え渡った。この日は8回まで4三振と奪三振ペースは控えめだったが、9回以降は12回まで6奪三振でピンチの芽を摘んでいる。

一方、樟南は永吉に代打を出した関係もあり、9回から継投策に走った。スリークオーター左腕の濵田《はまだ》哲成《てっせい》が好投し、大島高校打線を打たせて取る投球で抑えていく。試合は12回を戦い終えても決着が着かず、タイブレークに突入した。

延長13回表、樟南は5番からの打順だったが、稼頭央がわずか4球で三振、投飛と2アウトを奪う。だが、7番の下山《しもやま》敬《けい》斗《と》がレフト前にタイムリーヒットを放ち、ようやく膠《こう》着《ちゃく》状態が解かれた。樟南が1点を勝ち越し、大島高校の攻撃に移った。

大島は5番の中からの打順である。前の打席で二塁ゴロの併殺打を打っていた中だが、この打席では初球の送りバントを空振りしてしまう。樟南の捕手が飛び出した二塁走者の武田を刺そうと二塁に送球するが、武田は「捕手が投げてくるのを狙っていた」と逆に三塁を陥れる。機転の利いた好走塁でチャンスは無死一、三塁に広がった。

サインがヒッティングに変わった中は、「(併殺に終わった前打席と)同じような失敗をしないようにしよう」と心に決めた。だが、左投手の外角に逃げていくスライダーが中はどうしても苦手だった。この打席でも、スライダーをひっかけて二塁へゴロを打ってしまう。おあつらえ向きなダブルプレーコースだ。

ところが、ここでも樟南の二遊間にミスが出る。二塁からの送球を遊撃が捕球できず、アウトが一つも取れない。三塁走者の武田が本塁に還り、これで3対3の同点である。樟南の泣きどころが顕在化した瞬間だった。

大島高校はその後、一死満塁とサヨナラの場面をつくり、打席には途中から左翼のポジションに入った青木が向かった。二塁走者の中は、青木が仕事をしてくれる予感があった。

「(青木)蓮は左ピッチャーの変化球を見極めるのがうまいので、この場面ならやってくれるだろうと思っていました」

自信満々の青木がオープンスタンスで構えたその初球、インコースへとスライダーが食い込んできた。青木がとっさに腰を引くと、左足にボールが直撃。その瞬間に青木はバットを離し、三塁側の大島高校ベンチに向かって両手を掲げた。3時間8分の熱戦に終止符を打つ、サヨナラ死球だった。

「当たった時は勝ったうれしさで全然痛くなかったんですけど、ホテルに帰ってユニホームを脱いでみたら足が真っ赤になってたんです。内出血ではなくて、皮膚がこすれてすり傷みたいになっていました」

青木の左足にボールが当たった瞬間から、稼頭央の意識もクリアに戻っていた。

「ずっと『リベンジ・樟南』でやっていたので、目標を達成できて本当にうれしかったですね。1年生大会で樟南にボコボコにされたおかげで成長できたと思います」

一方、この日も3安打1四球と気を吐いて大島高校の脅威となった町北は、「うわ、終わったのか？」と現実感がなかった。

「れいめい、鹿屋中央といいピッチャーを打って勝ってきて、『いけるぞ』と思っていました。まさか大島に負けると思ってないので、ショックは大きかったです」

大島高校にとって初の県大会決勝戦進出、そして九州大会への出場が決まった。

島っ子が初めて意識した「甲子園」

大会期間中、大島高校は島には戻らず、平和リース球場から徒歩で移動できる場所にあるビジネスホテルで生活する。

秋季大会が始まってから3週間が経過していたが、選手たちにストレスはなく、むしろ

「島に帰りたくない」という部員ばかりだった。自身は「島でもホテル暮らしでもどっちでもよかった」と語る青木は、ホテル生活を堪能する部員たちの本音をこう代弁する。

「たぶん、授業を受けなくてすむからじゃないですか」

長期公休が続くため、大会帯同メンバーは2学期の中間テストを免除されていた。2学期の成績は期末テストによる一発勝負になる。そんな解放感に試合で勝ち進む喜びが重なり、選手たちのテンションを一層高めていた。

樟南戦を終え、いつものようにシャワー室でユニホームにこびりついた土を洗い落としている時、誰かが「俺たち、行けるんじゃね？」と言った。その言葉を聞いて、秋のラッキーボーイになっていた青木は初めて「甲子園」を意識した。

「今まで『甲子園に行けるかも』なんて1回も思ったことがなかったんです。樟南に勝って、初めて甲子園が現実に手が届くところまで来ているんだと感じました」

準決勝から中1日の休養日を挟んで、大島高校は鹿児島城西との決勝戦を戦うことになっていた。決勝前日には軽い練習が組まれていたが、13イニングを投げ抜いた稼頭央は塗木から「体がきつかったらいいぞ」と休養が認められた。

稼頭央は「きついです」と塗木に申し出たものの、実際には「もう疲れは抜けていた」と仮病を使ったと告白する。稼頭央はホテルでリラックスして過ごすことにした。

この秋は樟南戦に照準を絞り、死闘の末に目標を達成した。燃え尽きてもおかしくない状況で、稼頭央はぼんやりと「どうしようかな……」と思いを巡らせた。

「『優勝したら初めてじゃね？』と思ったんです。僕自身、島の大会ですら優勝したことがないし、塗木先生だって優勝したことがないと言っていた気がします。ここまで来たら、優勝旗を持って島に帰ろうと思ったんです」

　稼頭央は高校２年秋までに身長が１７５センチまで伸びたが、体重は63キロと相変わらず細身で下半身の柔軟性もいいとは言えない。それでも天性の回復力があり、肩・ヒジを痛めたことは一度もなかった。さらに塗木と親交の深い鍼灸師《しんきゅうし》の尾堂《おどう》学による入念なケアも後押しし、稼頭央はいつも万全な状態でマウンドに立つことができた。

　決勝戦で対戦する鹿児島城西は、近年急速な勢いで実績を挙げてきた新興私立高校だ。丸刈り頭を強制される野球部が大半を占めるなか、鹿児島城西では髪型は自由。グラウンドのスピーカーからＪポップが流れるなか、選手は練習に励んでいる。

　２０１８年にプロ通算１５９９安打を記録した佐々木誠（元ダイエーほか）が監督に就任。２０１９年秋の九州大会でベスト４に入り、翌春のセンバツ出場校に選出（大会は新型コロナウイルス感染拡大のため中止）されている。

　２年生左打者の藤田剛《つよし》、１年生右打者の明瀬諒介《みょうせりょうすけ》、池野航太で形成されるクリーンアップは、鹿児島どころか九州でもトップクラスの破壊力を秘める。

　決勝戦当日、稼頭央は立ち上がりから鹿児島城西打線の恐ろしさを肌で感じることになる。1回表には3番・池野にタイムリーヒットを許すと、3回表にはまたも池野に三塁打を打たれ、続く4番・藤田の犠牲フライで追加点を奪われる。4回表、5回表にも1点ずつ取られ、5回を終わった時点で1対4とリードを広げられた。

　この時点で稼頭央は「凄いバッターばかりで、ほぼ諦めていました」と明かす。このままワンサイドゲームになる可能性も十分にあった。

九州トップ級打線

　5回までに稼頭央から3安打を浴びせた池野は、実は島で生まれ育っている。奄美群島の沖永良部島出身で、和泊《わどまり》中時代から好素材として注目されていた。鹿児島実業からも声がかかったが、「実業より上下関係が厳しくないと聞いたので」と鹿児島城西へ進学。身長186センチ、体重82キロの大型打者で、投手としても最速144キロをマークする。

　中学時代には稼頭央と対戦し、0対1でサヨナラ負け。「真っすぐは力があって、カーブのキレもよかった」と鮮烈な記憶が残っていた。しかも、高校野球の舞台で対戦した稼頭央は、中学時代よりも球速もキレも格段にレベルアップしていた。

　それでも、池野に迷いはなかった。

「試合前に監督から『結果はいいから、自分に自信を持って振ってこい』と送り出してもらえて、不安なくバットを振れました」

狙いはストレート一本。稼頭央の快速球を振り負けずにとらえ、緩い変化球には泳いで前さばきで拾って対応した。

捕手の心太朗は「１、２、３の出合い頭で持っていかれたところもありますが、豪快なスイングでやたらと打たれてしまいました」と悔やむ。４番の藤田にも２安打１打点を許し、鹿児島城西打線を勢いづかせてしまった。

だが、稼頭央・心太朗バッテリーにとって好材料だったのは、５番の明瀬をほぼ完璧に抑えていたことだ。心太朗は言う。

「明瀬には緩急を使うことを意識していました。スイングスピードが速くて、技術もあるのでストレートはどんなに速くても合わせてくる。ストレートは見せ球にするか、ファウルを打たせてカウントを稼ぐために使おうと。ストレートと遅いカーブを意識させて、決め球はヒザ下のスライダーに決めていました」

明瀬は池野以上に世間的に注目され、２０２３年のドラフト候補の呼び声もある強打者である。身長１８２センチ、体重88キロ。大阪狭山リトルシニアで活躍した後、「元プロの佐々木監督の指導を受けたい」と鹿児島城西に渡っている。大島戦の段階で、１年生ながら高校通算本塁打数は10本を超えていた。明瀬は稼頭央のカーブがやっかいだったと明かす。

「想像以上に遅くて、『なかなか来ないな』とタイミングが取れませんでした。カーブを意識し過ぎてストレートに反応できなかったりして、悪循環でした」

　明瀬を無安打に封じたことで、失点を最小限に留められた。すると６回以降、稼頭央は一転して無失点を続けるようになった。

「序盤は『打たれたくない』『ホームランはイヤだ』と意識して、かえって力が入っていたのかもしれません。６回からは『どうせ打たれるのだから』『どうにでもなれ』と吹っ切れて、逆に力みが出ずに投げられるようになりました」

　すると７回裏、大島高校にチャンスが訪れる。二死からラッキーボーイの青木がヒットで出塁すると、９番の直江朝日がヒットでつなぎ、１番の有馬、２番の稼頭央の連続タイムリーが飛び出し３得点。４連打で４対４の同点に追いついた。

　試合はそのまま９回裏を終え、大島高校は２試合連続の延長戦に突入した。

奄美から強豪に進んだ男の絶望

　鹿児島城西の一塁ベースコーチを務める喜村健太は、複雑な思いで戦況を見守っていた。

「みんな自分と同じか、自分より下だったのに、ものすごく成長してる。みんなよく打つし、稼頭央なんか別人みたいにボールが速くなってるな」

喜村は奄美大島の金久中出身。中学時代は心太朗とバッテリーを組み、離島甲子園では奄美市選抜のエース格としてベスト4進出に貢献した選手だった。

中学時代の仲間たちが活躍する姿を見るのはうれしい反面、妬《ねた》ましくもあった。2ケタの背番号を背負い、ベースコーチという日の当たらない役目を務める今の自分の立場を痛感させられるからだ。

心太朗からの誘いを断って鹿児島城西に進学した喜村だったが、強豪校の壁は厚かった。ストレートが速いといっても、中学レベルでのことだった。高校生にもなれば先輩には140キロを超えるプロ注目の投手がおり、喜村はすぐに現実を思い知らされた。変化球の精度と制球力に課題があり、練習試合でも打ち込まれる日々を過ごした。

厳しい練習が終われば、自分で汚したユニホームを自分の手で洗わなければならない。「島にいれば親が洗ってくれたんだろうな」などと思ってみても、寮生活では自分のことは自分でやらなければ生きていけない。

1年が過ぎると、さらなる絶望が待っていた。明瀬や池野が入学してきたのだ。

「2人ともノックを見たら肩は強いし、バッティングを見たら化け物みたいに打つし、『すげぇな』って驚きました」

高校2年の夏まで投手と野手の練習を両方続けていたが、「どちらかに絞ったほうが勝負できるんじゃないか？」というコーチのアドバイスを受け、外野手に転向。だが、右翼のレギュラーには県を代表する強打者の藤田がおり、喜村は控えに甘んじ続けた。2年秋の県大会で得た背番号は18番だった。

――大島高校へ行っていたら、試合に出られたのに。

自分でそう思う以上に、周囲からそんな声が聞こえてきた。高校のチームメート、地元の知り合いから何度聞かされただろう。そのたびに、喜村は無性に悔しくて仕方がなかった。奄美では「喜村はケガをして試合に出られないらしい」という噂が飛び交ったが、試合に長期間出られないような大ケガをしたことはなかった。いいニュースを島に届けられないばかりか、誤った情報で心配されてしまう。自分自身がふがいなかった。

かといって、鹿児島城西に進学したことに後悔は一片もなかった。

「本気で甲子園を目指しているヤツと仲間になれて、島ではできない経験ができて視野が広がっていると思う」

決勝戦が始まる前の整列で、喜村は大島高校の選手たちがこちらを見ていることに気がついた。

「心太朗、涼雅、上原（賢寿郎《けんじゅろう》）……、みんな元気そうだな」

照れ隠しの苦笑を交わし、喜村は一塁側のベースコーチズボックスへと走った。今は余計なことを考えず、自分の仕事を全うするしかなかった。

２試合連続延長13回の攻防

延長戦に入った後は、大島高校・稼頭央と鹿児島城西のエース・津波《つは》辰弥《たつや》が踏ん張り、両チームとも無得点が続いた。

5回までに9安打を浴びた稼頭央だったが、6回から12回までの7イニングで被安打4と立て直してみせた。一方の打線は左サイドハンドの津波をとらえきれず、11回、12回と三者凡退。大島高校は2試合連続となるタイブレークに入った。

13回表、この回は9番から打順が始まる巡りもあって、稼頭央は打者3人で退ける。最後に東《ひがし》陽太から見逃し三振を奪ったストレートは１４２キロを計測した。稼頭央のアドレナリンは極限まで引き出されていた。

「２００球以上投げてるのに、まだこんなボールが投げられるんだ。めちゃくちゃ気持ちいいな！」

一方、大島高校は4番の心太朗から始まる好打順である。ただし、秋の大会で当たりに当たっていた心太朗は、この日ばかりは無安打と沈黙していた。

いくら稼頭央が好投しているといっても、球数は今大会最多となる２０７球まで達している。「なんとかこの回で勝ちたい」という一心で心太朗は打席に入った。

初球、津波の球速以上に速く感じるストレートを心太朗が振り抜くと、打球はライト方向にフラフラッと上がった。心太朗は「詰まった」と両手のしびれを感じながら走り始めた。

二塁手の守備範囲か、それとも右翼手の守備範囲か、判断の難しい打球だった。それなのに、大島高校の二塁走者は猛烈な勢いでスタートを切っていた。二塁走者は疲労困憊《こんぱい》のはずの稼頭央である。大島高校ベンチからは「暴走するな！」という声も上がった。

だが、稼頭央には不思議な確信があった。

「心太朗が打った瞬間、セカンドが一歩前に出たように見えたんです。それを見て、『落ちる』と確信を持って走りました」

二塁走者にとって、左後方の打球は死角になって見えない。だが、稼頭央はこの時、自分の視界が３６０度に広がるような錯覚を覚えた。見えているのは打球だけではない。その場で守っている野手、味方の走者の動きまで、すべて感じることができた。究極の域まで研ぎ澄まされた稼頭央は三塁ベースを回った。もう、優勝しか見えなかった。

「後から映像を見返したんですけど、セカンドは全然前に出てなかったんです。もしかしたら早く終わりたかっただけなのかもしれませんし、みんなからは『野性的過ぎるわ！』って怒られました。でも、僕のなかでは確信があったんですよね」

試合終了時刻13時7分。大島高校野球部が初めて鹿児島県の王者になった瞬間だった。

第6章

秋の快進撃

勝てたはずの試合

「今日は本当にすみません。また明日もありますので……。まだ食事もできていない選手もいるんですよ。なので取材は本当にすみません！」

鴨池市民球場の三塁側ダッグアウト裏に、大島高校監督の塗木哲哉の悲痛な言葉が響いた。キャプテンの武田涼雅は選手を代表して囲み取材に応じたものの、エースの大野稼頭央は鈴なりの報道陣の前に最後まで姿を現さなかった。

秋の鹿児島制覇から3週間あまり。11月6日に行われた大島高校と大分舞鶴《まいづる》の九州大会1回戦は、4対4の同点のまま延長10回引き分け再試合となった。

試合開始からスタンドには傘の花が開き、各ベースの近辺にはグラウンドキーパーによって水たまりをつくらないための白土が入れられた。7回表にはグラウンド整備のため12分間の中断を挟んだが、焼け石に水だった。ランナーがスライディングすれば水しぶきが上がるほどグラウンドコンディションは悪化の一途をたどり、選手のユニホームは茶色に染まった。日没が迫るにつれ空は暗くなり、気温は低くなった。

「審判、もうボールが見えないよ〜！」

「ゲームセットにしろ。選手がかわいそうだぞ！」

バックネット裏からはそんなヤジも飛んだ。延長10回終了時点で審判団が試合続行不可能と判断し、翌日に平和リース球場に場所を移して再試合が行われることになった。

大島高校にとっては、勝てた試合のはずだった。

この日の稼頭央はストレートが走り、この秋一番の好調。7回終了時点で被安打4、奪三振8、失点1。2対1と僅差ではあったが、稼頭央の出来なら十分守り切れそうだった。

だが、8回表に守備の不安を露呈する。スローイングに不安を抱える捕手の西田心太朗がまたもや振り逃げの処理に手間取り、一塁への悪送球で出塁を許す。さらに県大会でラッキーボーイの1人だったレフトの白畑勝喜郎が、打球を見失って後逸。この連続エラーをきっかけに、大分舞鶴に逆転を許す。

県大会準々決勝から復帰していた前山龍之助が8回裏に2点タイムリー二塁打を放って、大島高校は4対3と再度逆転に成功。それでも、試合はさらに思わぬ方向へと進む。

9回表、二死走者なし。カウント1ボール2ストライク。大島高校部長の小林誠矢は、嫌な予感を覚えていた。

「試合はまだ終わってないのに、まるでもう勝ったかのような雰囲気になったのが気になってしまって……」

雨のなか多くの観衆で埋まった三塁側の大島高校スタンドは、「あと1球」と勝利ムードに酔いしれていた。そんな空気を察知したのか、大島高校ベンチ内では、控え部員がマスクを外し始めた。試合終了後の整列に備えたのだ。

だが、ここから稼頭央は四球を許し、さらに途中から１番に入った児玉陽悠《ひゆう》にタイムリー二塁打を打たれて同点とされる。その瞬間、小林は「すぐマスクをつけろ！」とベンチメンバーに大号令を発している。

「やっぱり、ベンチがスタンドと同じ空気に流されちゃいけない。最後まで一喜一憂せず、戦わなきゃいけないと痛感しました」

稼頭央は10回を投げ抜き、16奪三振。だが、悪天候のため７四死球を許したこともあり、球数は１８６球にのぼった。県大会は稼頭央１人で投げ抜いており、勝つためには稼頭央が１イニングでも多く投げる必要があった。

８県16チームが出場する九州大会では、２勝してベスト４に残った４校が翌春センバツの当確ランプが灯ると言われている。仮に大分舞鶴との再試合に勝てたとしても、中１日を経て沖縄チャンピオンの興南と戦わなければならない。大分舞鶴に引き分けた時点で、大島高校のセンバツ出場に黄色信号が灯ったと言ってよかった。

稼頭央のもう一つの顔

だが、実際には稼頭央はロッカールームでケロリとしていた。心太朗は「あんなに雨に打たれて寒いなか投げていたのに、全然疲れていないな」とその無尽蔵の体力に半ばあきれていた。むしろ野手のほうが疲労の色が見え、右翼を守る直江朝日は雨にさらされて体温が冷え、唇を紫色に染めてブルブルと震えていた。

心太朗は再試合に向けて、稼頭央の配球を練り直すことにした。

「今日はストレートを打たれた印象があるし、速い変化球は合わされている。球速の遅いカーブや縦スラを試してみよう」

稼頭央の球種は１００キロ前後の曲がりの大きなカーブと、縦と横にそれぞれ曲がるスライダーがある。ほかにもチェンジアップがあるのだが、この秋は思うように制球できずあまり使っていなかった。大分舞鶴戦ではストレートが走っていたため、変化球の割合を減らしていた。「雨で変化球が抜けるのがイヤだから」という理由もあった。

11月6日16時35分に引き分けが決定して24時間と経たない翌7日15時57分、大分舞鶴との再試合が始まった。

前日に3投手で継投した大分舞鶴と異なり、大島高校はこの日も稼頭央が先発マウンドに上がった。立ち上がりの球速は１２０キロ台中盤しか出ない。１００キロにも満たないスローカーブと、１１０キロ台で変化する縦のスライダーを多投した。

多くの観衆の目には、「大野は疲れを隠し切れない」と映ったに違いない。だが、不思議なことに大分舞鶴打線はランナーを出すものの、稼頭央をとらえ切れない。稼頭央は自分の投球に手応えを感じていた。

「大分舞鶴の打線はよかったので、まともにいったら5～6点は取られると思いました。なので前日の速球派から軟投派に切り替えたんです。『ゆっくり投げたら打たれない』と思ったので、カーブも縦スラもいつもより抜き気味に投げてみました。そうしたらカーブにまったく対応できていなかったので、いけるなと」

稼頭央のカーブは縦に浮き上がってから落ちる、正統的な球筋である。最大の長所は、腕の振りにある。ストレートと同じように鋭く左腕を振りながら、ボールはワンテンポ遅れて出てくるような錯覚を起こす。ブレーキの利いたカーブがあるからこそ、打者は１２０キロ台のストレートでも速く見えるのだ。稼頭央は言う。

「自分のなかでは思い切り腕を振って、ボールが左肩のあたりから遅れて出てくるイメージです。初見で打たれたら『相手が上』と思うくらい、自信を持っている球です」

高校で球速が上がり速球派左腕として注目されるようになった稼頭央だが、本人としては「もともとは技巧派」という認識があった。奄美大島では「速い」と言われていても、中学時代の球速は１２０キロ台。むしろ変化球でかわす投球に自信を持っていた。昔取った杵柄《きねづか》が、大舞台で稼頭央を救った。

2回表に大分舞鶴の9番・後藤駿太に2点タイムリー二塁打を浴びたものの、それ以外の回は走者を許しても要所を抑える投球が続いた。

一方の打線は大分舞鶴のエース・奥本翼、1年生右腕・野上龍哉《たつや》の前に苦しめられたが、2対2の同点で迎えた7回裏にボークで決勝点となる1点を得た。

稼頭央は10安打を浴び、１６０球を要したものの、12三振を奪って2失点完投。大島高校が再試合の末に九州大会初戦突破を果たした。

宮古島の怪童

興南の盛島稜大は、大島高校のメンバーの大半がかつて離島甲子園で戦った奄美市選抜の選手ということに気づいていなかった。

盛島は身長１８５センチ、体重93キロの大型捕手で、興南の4番打者である。実家は宮古島で祖父の代からメロン農家を営んでおり、盛島は「実家のメロンはオレンジ色でほかのメロンよりも甘いです」と胸を張る。

宮古島市立鏡原《かがみはら》中では野球だけでなく、陸上大会でも活躍。ジャベリックスローと砲丸投げで沖縄県チャンピオンに輝いている。高校進学時には興南と沖縄尚学《しょうがく》という沖縄の二大巨頭がスカウティングに動く、絵に描いたような怪童だった。

そんな盛島にとって、中学3年夏に宮古島アララガマボーイズの主力として参加した離島甲子園は、奄美市選抜に敗れた苦い記憶で塗り固められている。

「宮古と違って奄美のチームは身長の大きい選手はあまりいなかったんですけど、みんな守備のレベルが高くて、つなぐ野球がうまかったです。宮古も優勝を目指していて、『まず初戦を勝とう』と気合が入っていたんですけど、勝てませんでした」

　２０１０年に興南の監督として甲子園春夏連覇に導いた我喜屋優《がきやまさる》は一度ならず二度までも宮古島へと足を運び、盛島を口説いた。盛島もまた「この高校なら甲子園に行ける」と決意を固め、沖縄本島での寮生活を送ることにした。

　沖縄には「なんくるないさ」という言葉がある。今では、「なんとかなる」という意味合いで使われることが多いが、本来は「挫《くじ》けずに正しい道を歩もうと努力していれば、いつかいい日が来る」という意味があるという。興南は沖縄特有のルーズさを排し、本来の「なんくるないさ」を追求したからこそ偉業を成し遂げられたのだった。

　島では「のんびりしたところがあった」と鷹揚《おうよう》に暮らしていた盛島だったが、高校入学後は朝5時50分に起床する時間厳守の生活を送って興南のカラーに染まっていった。

　春のセンバツまであと1勝に迫り、盛島の奮闘は一つの結実を迎えようとしていた。

　一方、大島高校は深刻な状況にあった。大分舞鶴戦の2日間で稼頭央は３４６球を投げていた。２０２０年から1人の投手が1週間で投げられる総投球数を５００球以内とする規定が設けられており、稼頭央が九州大会期間中に投げられる球数は残り１５４球に迫っていた。心太朗は「1試合で終われるところを2試合やってしまった」と悔やんだ。

さすがの稼頭央も肉体的に苦しそうだった。練習でも体が重く、心太朗が話しかけると、案の定「肩に疲労がきている」と明かした。将来有望な稼頭央の未来を奪うわけにはいかないが、甲子園をつかみ取るには稼頭央の力がどうしても必要だった。

心太朗は奄美から駆けつけた外部コーチの奥裕史とホテルで戦略を立てた。奥は心太朗に「興南はストレートに強いから、緩急が大事だよ」と伝えた。

奥の言葉を聞いて、心太朗は腹を決めた。

「興南戦は守るしかない」

「サボリの投球」でつかんだ甲子園

盛島は打席に立ってみて、稼頭央のカーブをうっとうしく感じていた。

「思った以上にボールが来ないな。ただ緩いだけじゃなくて、コントロールもいい」

大分舞鶴戦の映像を見て、盛島は稼頭央の驚異的なスタミナに驚かされた。そしてもう一つ。1試合目と2試合目とでは、投球スタイルがまるで違うことにも面食らった。ただし、盛島は捕手らしい洞察力で「ウチの試合はカーブ中心で来るだろう」と読んでいた。

しかし、盛島にとって誤算だったのは、大分舞鶴戦の再試合の時以上に稼頭央のストレートは球速が戻っていたことだ。

「カーブの後にストレートが来ると、対応できていませんでした」

盛島は広いスタンスを取って構え、ほぼノーステップに近い形でボールを呼び込む。類まれなパワーがあるからこそできる打ち方だが、緩急で揺さぶられるともろさが出た。１回表の１打席目は二死三塁のチャンスで打席に入ったものの、ショートゴロに倒れている。

ただし、投げている稼頭央は自身のストレートに手応えを感じられなかった。

「速い球も遅い球もどっちも混ぜて、『速球派なのか軟投派なのか、どっちなのかわからない』というピッチングはできたと思います。でも、ストレートは１３０～１３５キロくらいで、あまりよくはなかったので投げたくなかったですね」

ストレートを見せ球に、カーブと縦のスライダーという遅い変化球で打ち取る。それが稼頭央・心太朗バッテリーの計略だった。心太朗は「緩いボールを気持ちよく打たせよう」と考えた。そのうえで打者によってポジションを動かし、守備範囲を広くしてからめとる。守備陣に不安のある大島高校だったが、秋の大会を勝ち上がるなかで少しずつ進歩していた。

２回表には二死から遊撃の武田がお決まりの送球エラーを犯したが、直後に心太朗が好送球で盗塁を刺している。心太朗は相変わらずスローイングに不安を抱えていたが、盗塁阻止のような瞬時のプレーは、何も考えずに腕を振ることができた。

守備でリズムをつくると、打線も活発化する。３回裏には興南先発の軟投派左腕・平山航多《こうた》から、2番・稼頭央、3番・武田、5番・中優斗のタイムリーヒットが出て3点を先取する。興南はエース右腕の生盛《せいもり》亜勇太《あゆた》が秋の県大会で故障し、九州大会はベンチ入りメンバーから外れるアクシデントも痛手だった。

7回表には、一死二塁から9番・平山の三塁線への強烈なライナーを三塁の前山龍之助がダイビングキャッチ。さらに1番・仲程《なかほど》雄海《おうか》が放ったレフトへの大飛球は、あらかじめ後方を守っていた左翼の竹山陸斗が好捕する。前山は「負けるのは怖くなかったので、ミスを恐れずにのびのびとプレーできた」と言う。新チーム結成直後は武田とともに守備を不安視された前山だったが、九州大会ではチームに欠かせない存在へと成長していた。

バックの好守にも助けられ、稼頭央はスイスイとイニングを重ねていく。懸案だった球数も、打たせて取る投球のため7回まで87球に抑えられた。

疲労感もなかった。稼頭央は「ほとんどサボっていたので」と内幕を明かす。

「カーブは力を抜いて投げられるんで、体に負担のこないサボリ球なんです。ストレートはあまり投げたくなかったんで、カーブを多く投げて休憩していました」

8回表、二死無走者から盛島がレフトへ二塁打を放ったが、これが興南にとって最後の反撃だった。稼頭央は9回を投げて散発6安打に抑えた。

9回二死一塁。あと1人の場面になって、部長の小林はベンチ内を見渡した。もう誰もマスクを外している者はいなかった。

「最初は失敗しても、同じ失敗をしないのがこの子たちのいいところだよな」

稼頭央が最後に外角低めのスライダーで奪った空振り三振は、この日わずか2個目の奪三振だった。その瞬間、稼頭央はグラブを左手でポンと叩き、クルリとバックスクリーンに向かって力強く両腕を掲げた。

稼頭央が九州大会で投じた４６７球目、大島高校のセンバツ出場が有力になる勝利がもたらされた。

保護者たちの〝銭闘〟

監督の塗木は選手たちの健闘を頼もしく見守りつつも、甲子園まで導かれるような運を感じていた。

「今回の九州大会は、本当なら沖縄で開催されるはずだったんです。それがコロナの影響で鹿児島開催になった。島の子はただでさえ初めての場所に弱いので、鹿児島で開催されたのはラッキーでした」

副部長としておもに下級生の指導にあたる植《うえ》直之もまた、選手たちの気質を独特の言葉で表現する。

「この子たちは『マーキング』しないと、力を発揮できないところがあります。慣れている鴨池で試合ができたのは大きかったですね」

大島高校は離島の高校ゆえ、島外に遠征する機会は限られる。さらに選手同士は幼少期から互いをよく知るため人間関係は濃いが、内弁慶な気質がある。勝手知ったる平和リース球場、鴨池市民球場での試合、県大会で長期滞在したホテル暮らしと、選手にストレスがかからなかったのは大きかった。

また、鹿児島開催によって多くの観衆が応援に訪れた要因も大きかった。大島高校の応援スタンドは、毎試合お祭り騒ぎだった。

島から駆けつけたベンチ外部員、保護者、野球ファンだけではない。鹿児島本土に住む奄美大島出身者が平和リース球場に数多く詰めかけ、スタンドは同窓会の会場のように奄美の色が濃くなっていた。

奄美民謡である『稲すり節』を応援曲として使い、「チヂン」と呼ばれる太鼓をリズムよく打ち鳴らす。大分舞鶴戦まではレンタルしたスピーカーを使って録音された応援曲を流していたが、準々決勝からは吹奏楽部とダンス部も駆けつけ花を添えた。

選手の保護者たちの結束も強かった。保護者会の事務局長を務める武田の父・英樹は、興南に勝利すると「稼頭央の初完封だね！」と我がことのように喜んだ。明るい性格の英樹は、保護者の間でもムードメーカー的な存在になっている。

「小学生の頃から親同士も野球でつながっているのが、島のいいところですね」

高校時代は陸上部に所属していたが、奄美市役所に就職してから野球を始めた。持ち前の身体能力でめきめきと上達し、息子の涼雅が野球を始めるきっかけにもなった。20代の頃は奄美市の陸上大会に出場して100メートル走で11秒3のタイムを叩き出し、1位に輝いている。なお、同大会で2位になったのは西田の父・哲で11秒5。さらに同世代である大島高校外部コーチの奥が11秒7で4位に入った。奥は「龍郷の町民体育大会では、稼頭央の親父の裕基も11秒台で走っているはずですよ」と笑う。

英樹ら野球部員の保護者たちは、ある心配事を打ち消しながら応援していた。

「もうホテルに20泊以上してるから、『後から追加徴収がどれくらいくるんだろう?』って恐ろしいですよね」

野球部の保護者たちは本土での試合の際、まずは遠征費として4万円を子どもに渡す。その後は勝ち進むたびに宿泊費がかさみ、追加徴収が請求される。ほかにもグラブ、バット、スパイクといった道具代など、金は飛ぶように減っていく。英樹は「あらためて野球は金がかかるスポーツだと感じますよ」と苦笑する。

ほかの家庭以上に大変なのは、大野家だ。稼頭央の1学年下に次男の幸乃進《ゆきのしん》がおり、2人とも遠征に出れば負担額は2倍になる。おまけに左投げの稼頭央に対して、幸乃進は右投げ。使い古しのグラブを幸乃進に渡すわけにもいかず、道具代もかさんでいく。さらに三男の純之介も中学野球部でプレーしている。父の裕基はその内情を明かした。

「この高校生活で150万～160万くらい使ったと思いますよ。息子には『とにかく道具を大切に使ってくれ』と伝えていました」

九州大会に進むにあたっては、寄付活動も行われた。大島高校の同窓会である安陵《あんりょう》会、野球部のOB会である安陵球児会によって実行委員会が立ち上がり、卒業生を中心に広く寄付を募った。保護者会でもタオルを販売するなど、運営資金を支援している。

保護者会長を務めたのは、西田の父・哲である。哲は心太朗がイップスで苦しんだ姿を見てきただけに、センバツ出場が有力になった喜びもひとしおだった。

「金銭的にも大変でしたけど、こんな楽しさや喜びがあるから耐えられます。このサポートが子どもたちの力になるはずですし、多くの人に応援されて幸せです」

サポートした人間たちにとっても、報われた思いのする九州大会ベスト4進出だった。

雨に弱い男

春のセンバツは甲子園球場で開催されるが、「全国大会」ではない。九州地区の場合は「秋季九州大会ベスト4以上」という評価基準があるものの、必ずしもベスト4に入った4校が選ばれるわけではない。過去には準決勝でコールド負けを喫したチームが、落選の憂き目に遭《あ》ったケースもある。

ましてや大島高校の場合、稼頭央が球数制限のため残り33球しか投げられないという事情もある。準決勝は投手として稼頭央を起用できないのは明らかだった。

三塁手の前山は興南戦の後、監督の塗木に呼ばれている。

「準決勝、投げられるか?」

前山は「大舞台で投げられるなら投げたいです」と返事をしている。投手としての前山は身長170センチと上背はなく、球速も目を見張るものはない。それでもボールが微妙に動く球質で、ゲームメーク能力の高さは朝日中時代から際立っていた。

だが、前山にはある心配があった。準決勝が行われる11月11日の鹿児島の天気予報は、傘マークを示していたからだ。

「雨だったらイヤだな……」

前山は雨を大の苦手にしていた。前山の不安は不幸にも的中し、準決勝の試合当日は天気予報通り雨だった。

「雨で指先が滑るのに、どうやって投げたらいいの?」

朝日中時代も大事な試合で雨が降ると、普段は野手を務める武田がマウンドに上がるのが常だった。天候が変わりやすい奄美大島にあって、前山の雨への耐性のなさは致命的と言ってよかった。

準決勝の相手は有田工業である。佐賀2位で60年ぶりに九州大会に出場し、秀岳館《しゅうがくかん》（熊本1位)、海星(長崎1位)と強豪を連続完封で下してセンバツ初出場に前進していた。

1回表、前山は幸先よく2つのアウトを取るが、雨足がさらに強くなるとボールの制御が利かなくなった。連続四球、ヒット、暴投、またもや連続四球と大荒れで2点を先取される。さらに2回表はエラーに2安打2四球が絡み、2点を失ってなお無死満塁の場面で交代が告げられた。この時点で1対4。早くもコールド負けがちらつく展開である。

前山は三塁に回り、代わりにマウンドに立ったのは武田だった。前山の早期降板は誤算だったものの、捕手の心太朗に焦りはなかった。

「(武田)涼雅は器用なので、どんな場面でも投げられますから」

武田は交代直後、内野ゴロとタイムリーヒットで2点を追加されたものの、後続を締めて試合を立て直した。球速は１３０キロ程度だが、打たせて取る投球で3回以降は有田工業打線を封じていく。心太朗は武田の投球に舌を巻いた。

「初めての九州大会のマウンドでも、いつも通り力むことなく淡々と投げている。ピッチャーの練習なんてそんなにしてないはずなのに、凄いな」

武田は前山が先発マウンドに上がった時点で、「龍之助が雨を苦手にしているのはいつものことだから、いつでも行けるようにしよう」と心の準備を固めていた。ストレートも変化球も本来の出来ではなかったが、コントロールよく丁寧に打ち取る投球に専念した。

そして何より、武田の内面を支配していたのは、平和リース球場のマウンドに立てた喜びだった。

「中学時代も一度マウンドに立ったことがあったんですけど、高校でもめちゃくちゃ投げたかったんです。稼頭央が大高に来てなかったら、ピッチャーもやる気満々でしたから」

1対6と有田工業に5点差をつけられても、この日1番・中堅で起用された稼頭央は「別にいいか。打てばいいし」と楽観的だった。沈んでいたのは、降板後もベンチでうなだれる前山くらい。有田工業の投手レベルを見て、「打てる」という自信があった。

4回裏にはこの日、スタメンに起用された1年生の体岡大地が2点タイムリーヒットを放って反撃ののろしを上げる。5回裏は5番・中の犠牲フライで1点。6回裏は代打・山下侍真《しいま》の二塁打が口火となり、有馬、武田、西田、中の4連打などで5点を挙げて逆転した。

伏兵の山下は、「稼頭央が大高に行くなら甲子園に行けるかも」という理由で、奄美市立赤木名《あかきな》中から大島高校に進学した選手だった。「特徴がないとベンチに入れない」と打撃を磨き、代打に備えてきた。山下は「ずっと集中して準備して、気持ちを入れてバットを振れてよかった」とチームに貢献できた喜びを噛みしめた。

8回裏には、前山が汚名返上とばかりに2点タイムリーヒットを放ち、11点目。途中リリーフした武田は8イニングのロングリリーフで8安打を浴びたものの、1失点と期待以上の投球で試合を締めくくった。

これで決勝戦に進出。大島高校のセンバツ出場を確定的にする大きな1勝だった。

惨敗ムードからの反撃

決勝戦に進出した時点で、塗木は稼頭央をマウンドに上げるつもりはなかった。

「決勝戦で大差をつけられたとしても、仕方がない。球数制限というルールがある以上、選考委員も理解してくれるはず。そうでなければ、ウチのような公立のチームは一生センバツには出られないのだから」

稼頭央は秋の鹿児島大会を1人で投げ抜き、九州大会でも4日間で467球を投げていた。起用する塗木に対して、インターネット上では「投げさせ過ぎ」と批判の声が上がっていた。高校野球では過去に数々の有望投手が、酷使によって野球人生に幕を閉じた歴史がある。近年は球数制限のルールができ、高校球児の球数に対してナーバスな風潮がある。だが、塗木はそんな批判の声にもどこ吹く風だった。

「コロナの影響でほとんど練習試合ができていないので、公式戦で投げ込みをしているようなものです」

もちろん、稼頭央の体調は第一に考えている。大会中は尾堂鍼灸整骨院の尾堂学に稼頭央のメンテナンスを依頼し、手厚いサポートを受けている。選手によって疲労のたまり方が違うことも、日常的に観察するなかで把握していることを承知しつつ、「ウチの普段の取り組みを見てみろと言いたい」と語調を強めた。

決勝戦の相手は九州国際大付（福岡）である。1番・黒田義信から始まり、巨漢1年生スラッガーの佐倉俠史朗《きょうしろう》、強肩強打の野田海人らが連なる打線は九州地区でずば抜けていた。九州大会初戦では鹿児島城西と対戦し、接戦となったものの6対4で九州国際大付が勝っている。大島高校にとっては、九州国際大付との早期激突を避けられただけでも鹿児島県大会で優勝した意味は大きかった。

九州国際大付はその後、準々決勝で明豊《めいほう》（大分）を13対0（5回コールド）、準決勝で長崎日大を12対2（7回コールド）とまったく寄せつけず、決勝戦に進出している。

大島高校は準決勝に続き前山を先発マウンドに上げるが、立ち上がりから1失点。さらに2回表にはビッグイニングをつくられてしまう。二死から4連打を浴び、さらに佐倉に死球を与えたところで武田にスイッチ。だが、武田もこの日は流れを止められない。

「いつもは心太朗のサインに首を振ることはないんですけど、この時は気持ちが入り過ぎて、初球の変化球のサインに首を振ってストレートを投げたんです」

力みがかったストレートを6番の1年生打者・白井賢太郎にとらえられ、満塁本塁打を浴びる。この時点で九州国際大付に9点目が入り、試合は決した。

だが、いくら打ち込まれようと、心太朗の表情は暗くなかった。

「（鹿児島）城西と同じく打線が凄いイメージでしたけど、意外と『こいつには勝てない』と感じるバッターはいなかったので。もちろん、個々の能力は高くて体格やスイングスピードは凄かったですけど、『稼頭央が投げればいけるんじゃないか』と思いました」

1対12と大量リードを奪われたまま、試合は9回裏の大島高校の攻撃を迎えた。塗木は勝敗を度外視し、主力打者の中の打順で青木蓮を代打に送るなど、控え選手を続々と起用していく。一死から上原賢寿郎が死球、粟飯原雄斗がライト前ヒットと3年生の代打攻勢が実る。ここで打席に入ったのは、途中から一塁に入っていた美島《みしま》永宝《ながとも》である。

「ここで打てなければ、スタメンの道がもっと遠のくな」

本来であれば、美島は一塁のレギュラー候補だった。だが、夏場に体育のバレーボールの授業中に右足首を捻挫し、全治3カ月の重傷を負っていた。県大会は痛みを押して途中出場に備え、九州大会は背番号13でベンチ入り。幸い、九州大会前には右足の状態が上向き、打撃の調子も上がっていた。

「もともと体の開きが早いタイプだったんですけど、右足首が痛くて回らなくなってから右半身が残るようになったんです。ボールを引きつけられるようになって、ミート率が上がった実感がありました」

2ボール1ストライクから美島が叩いた打球はレフト後方へぐんぐん伸び、平和リース球場のスタンドに消えていった。練習でも打ったことのない、自身初のサク越え弾だった。

「自分が一番驚きました。コーチャーも大喜びだし、ホームで2人のランナーは迎えてくれるし、ベンチも総立ちでハイタッチしてくれて。気持ちよかったですね」

両親から授かった「永宝」という名前は「永遠の宝として育ってほしい」という思いが込められている。彫りの深いエキゾチックな顔立ちで、身長177センチ、体重68キロと大島高校のなかでは比較的大柄な体格の持ち主。奄美市立金久中では心太朗、屋《おく》井《い》智《とも》稀《き》、上原賢寿郎、鳥《とり》入《いれ》悠《ゆう》聖《せい》とチームメートだった。

もともと打撃が課題だった美島には、ある特訓場所があった。奄美大島で唯一のバッティングセンターである、しまかわバッティングセンターだ。

大島高校での練習が終わると、美島は父の和文に連れられしまかわバッティングセンターを訪れる。野球経験者がこのバッティングセンターを見たら、驚くに違いない。5カ所あるバッティングケージはすべて、左右両打席兼用。創業者の島川勝博による「左バッターの子がイヤな思いをしないように」という願いがこもっている。1ゲーム15球を200円で打てるが、5000円の年会費を払えば1ゲーム100円と半額になる。すぐに元が取れるため、島の球児はほとんど会員になっている。

バッティングセンターのボールは軟式球だが、美島は「ボールの中心を打ち抜く目的で打っているので、硬球でも自然と低くて強い打球が打てるようになります」と語る。大会前はテスト期間を含めてほぼ毎日、休まずに通い続ける。
「私立みたいに練習が終わった後にバッティングができる施設なんて島にはほかにないし、バッティングセンターは自分にとって第二の練習場で、大切な場所です」

美島の一発が呼び水となり、大島高校はその後も武田の犠牲フライ、心太朗のタイムリー安打が出てこの回5点を奪う。試合には敗れたものの、スコアは6対12。コールド級の点差からやや体裁を整え、九州大会を締めくくったのだった。

離島の高校が九州大会準優勝。大野稼頭央という大黒柱がいてこその快挙ではあったが、日替わりでヒーローが飛び出した。

弱点があっても、長所で補った。心太朗はスローイングに不安を抱えていても、好リードと勝負強い打撃で。武田は遊撃守備に難があっても、切り替えの早さと攻撃的な打撃で。前山は雨が苦手でも、球際の強さとしぶとい打撃で。有馬は船酔いをしても、類まれなバットコントロールで。控え部員もそれぞれに持ち味を発揮した。「大島高校はワンマンチームではない」と示した秋の快進撃だった。

第7章

いざ聖地へ

甲子園ベスト８への挑戦

２０２２年1月28日。大島高校の校長室には、数十名の報道陣が詰めかけていた。

「こんなにテレビカメラに囲まれるのは、生まれて初めてだな……」

大島高校校長の黒木哲二ははやる気持ちを抑え、重厚なデスクチェアに腰かけた。やがてデスクに置かれた電話機が電子音を響かせた。

受話器を取った黒木に対し、毎日新聞社の使者が社名と名前を名乗る。使者の挨拶に対し、黒木は挨拶を返す。実はこのやりとりは、事前に申し合わせのあった「合言葉」だった。

過去にはセンバツ落選校に対して、高野連を名乗る人物から「出場校に選ばれました」と通知するという悪質ないたずら電話があった。こうしたトラブルを避けるため、主催者側と出場候補校の間で「こちらがこう言ったら、こう返してください」という合言葉が設けられるようになったのだ。

つまり合言葉を交わした時点で、大島高校のセンバツ出場は明かされたも同然だった。

「センバツ出場校として、お引き受けいたします」

黒木は通話を終えると受話器を戻し、傍らに立って待機していた塗木哲哉と固い握手を交わした。大島高校にとっては２０１４年に21世紀枠で選出されて以来８年ぶり、一般選考枠として初めての選出になった。

「本当に甲子園に行くことになったな」

黒木は不思議な心持ちだった。同じ奄美群島の高校である徳之島高校校長の玉利《たまり》博文《ひろふみ》から前年の夏に電話があり、「おまん（お前）ところのピッチャー、すごくいいから、絶対に甲子園に行くよ」と予告されていたからだ。大野稼頭央の評判は、それほど広まっていた。

メディアからの取材も殺到した。とくに稼頭央、西田心太朗、武田涼雅への取材依頼は多く、さらに膨大なアンケートも記入しなければならない。どのセンバツ出場校も野球部長の仕事量が膨大になるが、大島高校の小林誠矢は「苦ではなかった」と言う。

「忙しくなると聞いていたんですけど、寝られなくなるとか、練習に行けなくなるというほどではなかったです。作業を処理するのは得意分野なので、空いた時間を無駄にせずにやっていました」

大島高校野球部は教員指導者の塗木、小林、さらに副部長の植直之と３人とも数学教員という珍しいチームだ。小林は情報処理、植は電子機器の取り扱いとそれぞれに得意分野があり、塗木もまた数字を大事にする指導者である。

塗木は部員たちに対して、常に「甲子園ベスト８」という目標を掲げ続けてきた。離島の高校では、全国レベルを感じるのは難しい。そこで、塗木は「甲子園ベスト８」を目指すうえである数字の目安を選手たちに授けている。

「地方大会で得点７以上、失点２以下。これが夏の甲子園ベスト８の指標だから」

根拠はもちろんある。かつて塗木が埼玉県の公立高校指導者と酒席を共にした際、蕨《わらび》高校の部長だった浅川泉二が参加者全員にある紙を配った。過去10年間の甲子園出場校のデータをまとめた資料だった。

多くの参加者があまり興味を示さないなか、塗木は「これ、凄いですね！」と興奮を抑えきれなかった。データを持参した浅川自身が「そんな風に言ってもらえるとはうれしいです」と恐縮したほどだった。

浅川のデータには、甲子園ベスト８に進出したチームの地方大会の平均データも載っていた。それが「平均得点７、平均失点２」という数値だったのだ。

大島高校でも、塗木は繰り返しこの数値を選手たちに伝え、意識づけてきた。その成果を発揮する場所がいよいよ目前まで迫っている。

「甲子園ベスト８まで、あと２勝というところまで来たな」

塗木自身にとっても初めての全国大会への挑戦が始まろうとしていた。

大高野球部1期生の歓喜

OBたちにとっても、21世紀枠のような特別枠ではなく、実力で甲子園出場を勝ち取った事実は特別な重みがあった。

「甲子園なんて、遠い遠い夢のような場所でした。『島から甲子園へ』という思いが受け継がれて、21世紀枠で実現して、さらにその経験を肥やしにして今度は一般選考枠で甲子園に出てくれた。稼頭央や心太朗のように、島に残ってもやれると示してくれたことは大きな意味があると感じます」

野球部OBで組織される安陵球児会の会長を務める前里《まえさと》佐喜二郎《さきじろう》は、しみじみとそう語った。67歳の前里は奄美野球界の生き字引であり、今も草野球のマウンドに立つ現役プレーヤーでもある。

前里が生まれたのは1955年。第二次世界大戦後、アメリカ軍統治下にあった奄美群島が日本に復帰して2年後のことだった。同様にアメリカに統治された沖縄が日本に復帰したのは1972年だが、奄美群島はその19年前に復帰している。

深刻な物資不足と貧困にあえいだ奄美の住民は不満を募らせ、日本復帰運動を展開する。14歳以上の住民の99・8パーセントが日本復帰を求める署名に名を連ね、自治体ごとにハンガーストライキを展開。１９５３年12月25日に奄美群島は日本復帰を果たした。当時、決起集会が開かれた奄美市立名瀬小学校の校庭には、「奄美群島 日本復帰運動 発祥之地」と刻まれた石碑が建っている。

前里の幼少期はまだ物資も乏しく、娯楽と言えば柔らかいゴムボールを手で打つ三角ベースだった。中学生になると、近くの青年団チームが野球部の練習相手をしてくれた。奄美大島には今も40チーム弱の社会人草野球チームがあるが、前里によると最盛期には１２０以上の草野球チームがあったという。

大島高校の硬式野球部が創設されたのは、１９７２年のこと。それまでは軟式野球部として活動しており、甲子園を目指すスタートラインにも立てなかった。

前里は甲子園を目指すため、高校は本土の鹿児島実業に進みたかったという。だが、「父親は説得できたけど、母親に泣かれてしまって」と大島高校に進学。半ば捨て鉢な心境になり、甲子園への夢にはフタをしてきた。

高校2年夏の郡大会準決勝で喜界高校に敗れた試合後の晩、前里たち軟式野球部のメンバーはミーティングを開いた。

「俺たちの代が来たら、硬式をやろうぜ！」

前年には大島工業（のちに奄美高校と統合）が硬式野球部に移行しており、離島の軟式野球部にも硬式移行の機運が高まっていた。勢いそのままに校長へと直談判すると、前里たちの熱意を認めた校長は硬式野球部への移行を認めてくれた。

高価で傷みやすい硬式ボールを少しでも長く使うために、前里たちは本格的なグラウンド整備に着手した。当時は「上部グラウンド」という名称ではなく、「第二グラウンド」と呼ばれた石ころだらけの荒れたグラウンド。前里たちはつるはしやスコップで地面を掘り起こし、石を取り除いた。さらには土木作業などのアルバイトで運営費を捻出し、近くの山で切り落とした丸太を利用して防球ネットを自作した。

お世辞にも恵まれた環境とは言えなかったが、前里たちには満ち足りた日々だった。

「ユニホームとかヘルメットとか購入する手配をした覚えが全然ないんですけど、顧問の中山紀雄先生が陰でやってくれていたんでしょうね。中山先生は野球経験者でもないのに、毎日練習に来てくれていました」

翌１９７３年夏の鹿児島大会は、前里にとって最初で最後の甲子園への挑戦だった。前里は当時の新聞に「速球派」と評され、初戦の阿久根農業（現鶴翔《かくしょう》）戦では14奪三振の完投勝利を収めている。２勝を挙げてベスト16に進出し、硬式野球部としての第一歩を刻んだ。

前里は50年後の後輩たちの偉業を手放しで称《たた》える。

「結果として自分たちが礎《いしずえ》となれたのは誇りですし、うれしいです。昔は心のどこかで『やっぱり鹿児島実業に行きたかったな』という思いがあったけど、２０１４年にセンバツが決まって、僕らの初代メンバーがクローズアップされるようになって。その時、おふくろにこう言ったんです。『あの時の残念な気持ちは、後輩たちのおかげで払拭されたよ』って。おふくろはニコッと笑ってくれましたね」

島唯一のバッティングセンター

奄美の住民も大島高校の快挙に沸き立っていた。

なかでも島唯一のバッティングセンター・しまかわバッティングセンターは、美島永宝ら大島高校野球部員が多く通う場所だけに熱が上がった。

しまかわバッティングセンターは１９８５年に創業。大阪の問屋で修業を積んだ島川勝博が故郷の奄美でスポーツショップを立ち上げ、その７年後にバッティングセンターを建てた。阪神ファンである島川はバッティングセンターのこけら落としに掛布雅之を呼び、盛大なスタートを切っている。

だが、少子高齢化のあおりを受けて野球競技人口が減っている今、バッティングセンターの経営は芳《かんば》しくない。現在は２人の娘と長男に経営面を託し、再興を期している。そして島川はこんなショッキングなことをつぶやいた。

「大島高校が甲子園に出られなかったら、ウチが潰れていたのも事実です」

ただでさえ苦しい経営状況のなか、２０２０年から新型コロナウイルスの感染拡大という大打撃があった。スポーツイベントの多くは中止になり、スポーツショップとして売上を見込んでいたウェアやメダルなどは販売できなかった。

60代半ばを過ぎ、「スポーツショップもバッティングセンターも閉じようか」と弱気になる島川だったが、そんな時に大島高校が大躍進を遂げた。いつも親子でバッティングセンターに通ってくれていた美島が、九州大会の決勝という大舞台でホームランを打ってくれた。

「美島くんはお父さんと弟さんと小さい時から来てくれてね。お父さんも熱心で、よくケージの後ろからアドバイスを送ってましたよ。九州大会でホームラン打ったからウチのバッティングセンターも記事で取り上げてもらえて、本当にありがたかったです」

そしてセンバツ出場を確実なものにした大島高校は、新たにユニホームやTシャツなどのウェアを発注してくれることになる。島川は「大高様々です」と目を細める。

だが、せっかく利益を手にしても、人のいい島川はその大部分を大島高校に寄付してしまう。「前回（２０１４年春のセンバツ出場）と合わせたら、トータルで５００万くらいになるかな」と島川は頭をかいた。

和歌山から奄美を思う男

――あの大島高校が、本当に甲子園に出るのか……。

和歌山県有田市に住む木村竹志は大島高校のセンバツ出場の吉報を聞き、感慨にふけっていた。

木村は旧名・石井毅といい、還暦を迎えた元プロ野球選手である。高校時代は箕島《みのしま》のエースを務め、のちに阪神に入団する嶋田宗彦とバッテリーを組んだ。高校3年時の１９７９年は甲子園で春夏連覇を達成。甲子園通算14勝を挙げた、高校野球のスターだった。

その木村は奄美大島の野球界と深い関係がある。２０１６年に初めて奄美大島を訪れ、大島高校で講演をしてから島の関係者と交流が始まった。２０１９年夏の離島甲子園では奄美市選抜の監督を務め、心太朗や武田らを指導している。離島甲子園後のフォローアップ事業として翌年1月に開催した中学3年生硬式野球交流大会ｉｎ奄美も、木村の提案で始まっている。稼頭央と心太朗が初めてバッテリーを組んだ大会である。

元プロ野球の投手である木村の目から見ても、稼頭央は「いいボールを投げてるな」と将来有望に映った。そして木村が何よりも評価したのは、稼頭央のマウンドでの態度だった。

「稼頭央のいた龍郷選抜は、言い方は悪いけど稼頭央のワンマンチームでした。普通なら下級生がエラーなんかすると態度に出たり、崩れたりするもの。でも、彼はそういうところが一切ない。自分で飲み込んで、次のバッターに向かって前向きに投げていく。この気持ちの強さは素晴らしいなと感じましたね」

離島甲子園が終わり、木村は別れ際に稼頭央と心太朗にこんな声をかけている。

「2人とも奄美大島に残って、大島高校で甲子園に出てこいよ」

木村のなかに、稼頭央と心太朗がバッテリーを組んでチームがまとまれば、鹿児島県を勝ち抜けるのではないかというイメージが湧いた。

木村自身にも成功体験がある。箕島は和歌山県の公立高校であり、有田郡・有田市の中学生が集まって強豪校になったのだ。木村は「県外から来る選手はいませんでした」と語り、その強さの理由をこのように分析する。

「親同士も子どもが小さい頃からの知り合いばかりですから、応援する側もまとまるんです。地元の地域からも応援されやすいし、甲子園で戦っていても『後押ししてくれているな』と応援の力の大きさを感じていました」

対戦相手が箕島のユニホームや応援におののき、自滅するケースが何度もあった。逆に木村は「箕島は日本トップクラスのチームなんだ」と自信を持ち、戦うことができた。40年以上前の高校時代を振り返って、木村は「錯覚してたんでしょうね」と笑った。

大島高校の試合結果は、いつも気にしてチェックしていた。秋の九州大会を戦う試合映像を見た時、木村は大島高校に全盛期の箕島と近い匂いを感じたという。

「奄美大島の島民の思い、力が応援に出ていました。いわば『地域力』に引っ張られるように、選手たちが力を発揮しているように感じました。『こういう応援があるから、負けないんだよな』と感じましたね」

大島高校が自力で甲子園に出場したことは、木村にとっても強く背中を押される出来事だった。木村も地元の中学生が県外へと出ていく風潮を憂い、和歌山に留まってもらうよう精力的に活動してきたからだ。

「県外に出る子もその子の人生なので強くは言えないんですけど、地元に残れば親御さんも喜ぶし、試合を見に行くのもラクやし、地域から熱い応援を受けますから。大島高校が甲子園に行ったことで、和歌山でも『もう1回、地域でやろう』という熱が起きてくれたら。もちろん、地元に残ってもらうための魅力をつくらんといかんですけどね」

離島の高校が果たせるということは、チャンスはどの地域にもある。木村の目は希望に満ちあふれていた。

「離島甲子園」の存在意義

〈離島甲子園では、自分が今までに経験したことのない本当に多くのことを学べました。奄美市選抜として選ばれたのはとても貴重でした。奄美市選抜の仲間達と野球という最高のスポーツができ、この仲間とたくさんコミュニケーションを取り、また、離島甲子園の行事の一部でもあったさよならパーティーでは他の県や他の地域との交流ができて本当に良かったです。他の中学校の野球部が集まったのですがプレーしている中でもすごく連携がとれていて長所がたくさんあるチームでした。木村監督は、試合の流れを読みサインを組み立てたい場面に応じて指示を出していました。試合に出ていると監督すごいなと思うほど説得力もありました。この自分の中では数えきれないほどのいい経験ができたのも、保護者の方々や奄美大島の方々、試合をするために必要な相手、審判がいたからだと思います。この経験を生かしこれからの野球人生を生きていきたいと思います。

西田心太朗〉

〈この離島甲子園で、僕たち龍郷選抜は初出場でした。一番、印象に残った試合は、準々決勝の佐渡選抜と準決勝のいわき市選抜との試合でした。この２試合は、今まで一番楽しい試合でした。そして、大会後のさよならパーティーでは、１回戦で当たったこしき島の人とでした。そうして、他のチームや離島の人と仲良くなれたので嬉しかったです。じゃんけん大会などもあって、侍ジャパンのタオルももらえて、いい思い出になりました。この離島甲子園で経験し、学んだことを忘れず、高校、大学へと将来いかしていきたいです。

大野稼頭央〉

Ａ４の作文用紙にしたためられた文章は、２０１９年の離島甲子園に出場した心太朗と稼頭央が書いた作文だった。大会後に作文を提出することは、全選手に義務づけられている。

日本離島センターの小澤卓は、しみじみとこうつぶやいた。

「龍郷選抜の試合で大野くんが投げている時、兆治さんが言ったんです。『あの子は投げ方が柔らかいし、きれいだ』って」

小澤の言う「兆治さん」とは、離島甲子園の提唱者である村田兆治である。村田は現役時代「マサカリ投法」と呼ばれる豪快な投球フォームの剛腕だった。１９６８年から１９９０年までの現役プロ生活で残した成績は、６０４登板で２１５勝１７７敗33セーブ、防御率３・24。座右の銘は「人生先発完投」である。

村田は離島での野球教室をきっかけに、「全国の離島の子どもたちに夢と希望、勇気を持ってもらいたい」と離島甲子園の開催を提唱した。大会は国土交通省の支援、出場チームが所属する自治体の参加費、協賛企業のスポンサー料などで運営費を賄っている。

小澤が勤める日本離島センターは、有人島がある全国１３６の市町村で組織された公益財団法人だ。離島住民の生活向上のための基盤整理、広報を中心に活動している。その一環として、離島甲子園の運営が小澤の仕事だ。約10年にわたり、小澤は村田らとコミュニケーションを取りながら離島甲子園の運営に携わってきた。

「全国には高校がない離島も多くて、義務教育を終えたら15歳で島を出る子も多いんです。そう考えると島の名前を背負って戦えるのは、中学生まで。対戦相手がいないという島もあるので、そんな島の子どもたちに戦う機会をつくってやりたいという思いから大会が始まっています。高校から島を出たとしても、島に誇りを持って生きてもらいたい。島の名前を背負って仲間と過ごした時間は、いつか島に戻るきっかけになるかもしれませんから」

離島センターの事務所には、日本地図が飾られている。ただの日本地図ではない。日本全国の離島が省かれることなく、すべて載った完全なる日本地図である。そのため一般的な日本地図よりも本州の面積が小さく見え、日本の海域がいかに広いかが伝わってくる。

そんな印象を伝えると、小澤はニッコリと笑って「離島は意識しないと、目が向かないですものね」と答えた。国が自由に漁業をしたり、石油などの天然資源を掘ったり、科学的な調査をするための水域を「排他的経済水域」という。日本が広大な排他的経済水域を持てるのも、広範囲にまたがる日本の離島が支えているからなのだ。

　少子高齢化のあおりを受け、全国の離島が置かれた状況は芳しいものではない。若者が島から離れ、自治体として危機を迎えている島もある。離島甲子園の存在意義は、島の野球少年に楽しんでもらうだけでなく、島民としての帰属意識を持ってもらう点にもある。

　離島甲子園をきっかけに多くの中学球児が島に残り、甲子園行きを決めた大島高校の快挙は、離島甲子園を運営する小澤にとっても背中を押される出来事だった。

「野球を通して仲良くなって、『一緒に島に残ろう』といって甲子園に出てしまう。まるでテレビドラマみたいですよね」

　２０２１年のドラフト会議では、かつて新潟県の佐渡島で離島甲子園に出場した菊地大《たい》稀《き》が巨人に育成６位で指名されてプロ入り。離島甲子園の出場者から初のプロ野球選手が誕生した。菊地はプロ１年目には支配下登録を勝ち取り、一軍で16試合に登板している。

　離島甲子園の大会を通して、小澤は「子どもたちが目に見えて変わってくる」のが楽しくて仕方がないと語った。

「最初はエラー一つで崩れていた子たちが、１試合ずつ強くなっていっちゃうんです。１試合勝つだけで変わりますし、２０１９年の奄美市選抜も龍郷選抜もそうでしたよね。大島高校の選手たちが『島に残っても甲子園に行けるんだ』ということを見せてくれたのは、全国の離島にとっても勇気を与えてくれたと思います」

なお、２０２３年の離島甲子園開催地は、奄美大島に決定している。実力で甲子園切符をつかんだ先輩たちが育った地で、新たな伝説が始まるのだろうか。

レベルが高い奄美の審判

３月開幕のセンバツに向けて、大島高校の調整は順調とは言い難かった。

前年12月24日に練習納めをすると、その後は年明けから奄美大島でも新型コロナウイルスの感染拡大のため活動ができなくなった。練習が再開されたのは、１月18日。約３週間もの間、全体練習ができず、調整の計画は大きく狂った。

とはいえ、奄美大島は年間通して温暖な地であり、１月でも平均気温はおよそ15度に達する。冬場でも紅白戦ができるのは、大きなアドバンテージだった。

さらに大きな味方もいた。それは「審判」である。

「奄美大島は審判のレベルが高いんです。雰囲気をなるべく公式戦に近づけるために紅白戦でも審判に来ていただくんですが、１人分の日当（２５００円）で４人も審判が来てくれる。試合の臨場感は審判がつくってくれるので、ありがたいですね」

塗木がそう感謝するように、奄美大島には鹿児島県野球審判協会に所属する審判員が17

名もいる。その大半が大島高校のＯＢである。

三原裕樹は59歳の奄美市役所職員だが、休日は審判員として活動する。現役時代は大島高校のエースとして、１９７９年秋の県大会で初めてベスト4に進出した実績もある。

手弁当で大島高校の紅白戦をジャッジする理由を、三原はこのように語る。

「僕は小学校、中学校、高校、大学、社会人、草野球と全カテゴリーで審判をします。高校野球の鹿児島大会では本土でジャッジすることもありますけど、島にいるとどうしても実戦の機会が不足してしまう。大高の紅白戦は僕らにとっても貴重な実戦の場なんです」

紅白戦の試合後には、塗木から促されるように審判の目線から気づいたことを選手に伝える。捕手の心太朗には、こんなアドバイスを送った。

「最近はミットを動かしてストライクに見せようとするキャッチャーが多いけど、あれはアンパイアに『ボールです』と自分から教えているようなものだよ。来たところでキチッと止めたほうが、アンパイアの腕は上がりやすいよ」

紅白戦で公式戦さながらの雰囲気をつくり出せる理由は、ほかにもある。試合をするのは普段の練習で使う上部グラウンドではなく、島の野球場。横浜ＤｅＮＡベイスターズが秋季キャンプで使ったこともある、名瀬運動公園野球場である。

両翼１００メートル、中堅１２２メートルの規格で、内野は黒土、外野は天然芝。紅白戦でも電光掲示板には選手名と審判名が表示され、公式戦のムードを醸成する。大島高校からは自動車で十数分の距離にあり、室内練習場も隣接した充実した設備を誇る。関係者はみな、この球場のことを「三儀山《さんぎやま》」と呼んでいる。

紅白戦はＡとＢの2チームに分けて行うが、基本的にＡはレギュラー主体のメンバーで戦力を均衡化することはない。それは塗木なりの考えがあってのことだ。

「高校野球で多いのは、格下のチームに足をすくわれて負けること。力が下と見られる相手にスキをつくらないことを大切にしています。紅白戦ではＡに心のスキが生まれて、意外と面白い展開になることも多いんです。強いチームとは、遠征で練習試合を組みます」

控え中心のＢチームの構成にもひと工夫を凝らす。たとえば打撃が武器の選手はＤＨで起用し、守備が売りの選手は守備専任で出すこともある。スタメンにＤＨが複数並ぶケースもあるほどだ。そうやって控え選手のアピールの機会を創出している。

レギュラーとの距離

センバツに向け、レギュラー争いも激しさを増していた。

当確と言えるのは投手の稼頭央、捕手の心太朗、二塁の有馬航大、遊撃の武田、中堅の中優斗のセンターラインくらい。とくに秋季大会でレギュラーが固まっていなかった左翼のポジションは、竹山陸斗、青木蓮、白畑勝喜郎といったメンバーが争った。

なかでも「甲子園では俺が背番号7番をつけるから」と息巻いていたのは、青木だった。秋の県大会では勝負どころでラッキーボーイぶりを発揮していたが、九州大会前に調子を落として持ち前の打撃力を発揮できなかった。努力家でもある青木は、人一倍バットを振り込み、紅白戦でも結果を残していた。

大島高校の練習を見ていると、その多様性に目を奪われる。稼頭央のようなプロスカウトが注目するような速球派投手や、心太朗、武田、中のような強豪私学でも通用しそうな大型選手もいる。その一方で、小柄な体格の選手や、技術レベルの低い選手も目立つ。単純な技術のみで大島高校を評価すれば、「玉石混交《ぎょくせきこんこう》」という言葉がぴったりはまる。

大島高校の新3年生は18名いる。そのなかで嶺塁守、鳥入悠聖、大山頼人《らいと》の3名は秋の県大会、九州大会を通してベンチ入りできずにいた。

喜界島出身で稼頭央から誘いを受けて野球部に入部した嶺は、なんとか野球部を続けていた。ベンチ入りのレベルに達していないことは、誰よりも自覚していた。

秋の県大会は渡航費の問題やフェリーの予約が取れなかったこともあり、ベンチ外のメンバーは島に残って練習を続けた。大島高校の試合は動画アプリを使って見ていたが、嶺はグラウンドで戦う選手との距離を感じていた。

「自分はこのメンバーの一員になりきれてないんじゃないかな……」

そんな疎外感を覚えたのは、一度や二度ではない。九州大会は補助員としてチームに帯同できたが、「みんなが遠い存在に感じていた」と嶺は語る。

塗木との面談では「バッティングを鍛えて、紅白戦で結果を残してくれ」と言われていた。寮では同学年の粟飯原雄斗や、喜界島の後輩である体岡大地と毎日バットを振り続けた。恵まれた体格を生かして打撃面でアピールしたかったが、嶺は冬場の紅白戦でも思うように結果を残せなかった。

鳥入は奄美市立金久中の出身で、中学時代は心太朗とチームメートだった内野手だ。だが、身長１６４センチと小柄で実力的には目立たず、離島甲子園の奄美市選抜のメンバーにも入れなかった。「心太朗が離島甲子園の出来事を楽しそうに話していて、うらやましさもありました」と鳥入は振り返る。

主要メンバーと離れて練習する日々に、鳥入もまた「何のためにこんなきつい練習をやってるんだろう」と挫けそうになることもあった。それでも、そんな鳥入の練習への姿勢を高く評価していたのは、コーチの泊《とまり》慶悟《けいご》だった。

「鳥入は下級生への声かけがよかったんです。同級生と練習する時も、こんな感じでやればいいのに、なかなか元気が出せないのがもどかしいですね」

泊は２０１４年の甲子園メンバーで、５番・左翼手で出場している。現在は奄美市役所に勤務する傍ら、休日はコーチとしてグラウンドに顔を出している。選手と年齢が近く、兄貴分として頼られる存在だった。

大山もまた、自己表現の苦手な内野手だった。2学年上の兄が大島高校のレギュラーだったこともあり、自身も奄美市立赤木名中から進学。大山も鳥入と同様に、中学時代は離島甲子園のメンバーには選ばれなかった。それでも、大山は高校野球に挑戦したかった。

「素振りは誰よりもやってる自信があったんです。それでも一本打てるのも長所だと思ったので、大高でも野球をやろうと決めました」

だが、ミスをすると気持ちが沈んでしまう大山は、安定したパフォーマンスを見せられなかった。いくらエラーしても気持ちを切り替えられる武田がうらやましかった。

甲子園メンバーの発表

塗木は紅白戦の成績や甲子園での戦い方を想定し、18名のベンチ入りメンバーを選んだ。塗木は背番号順に名前を読み上げた。

1　大野稼頭央　3年　投手　龍南中

2　西田心太朗　3年　捕手　金久中

3　美島　永宝　3年　一塁手　金久中

4　有馬　航大　2年　二塁手　小宿中

5　前山龍之助　3年　三塁手　朝日中
6　武田　涼雅　3年　遊撃手　朝日中
7　青木　蓮　3年　外野手　朝日中
8　中　優斗　3年　外野手　笠利中
9　直江　朝日　3年　外野手　伊仙《いせん》中
10　竹山　陸斗　3年　外野手　赤徳中
11　体岡　大地　2年　内野手　喜界中
12　田邊　瑛吉　2年　捕手・内野手　朝日中
13　関　凜太朗《りんたろう》　2年　内野手　朝日中
14　上原賢寿郎　3年　内野手　金久中
15　丸田　宗志　2年　内野手・外野手　赤木名中
16　白畑勝喜郎　3年　外野手　龍南中
17　山下　侍真　3年　外野手　赤木名中
18　粟飯原雄斗　3年　内野手　園田東中（兵庫）

3年生でベンチ入りメンバーから漏れたのは5名。嶺、鳥入、大山、そして秋の大会で出場実績のあった屋井智稀、九州大会で背番号20をつけた川﨑大雅《たいが》も外れた。

屋井は50メートル走を6秒3で走るチーム一の俊足で、代走として起用される試合も多かった。学業も優秀で、3年生トップクラスの成績を誇る。

そんな屋井は冬場に右肩を痛め、思うような練習ができなかった。塗木からベンチメンバーから外すことを告げられた屋井は、大粒の涙を流した。

「入れないかもな……とは頭によぎっていたけど、考えないようにしていました。たしかに肩は完治していなかったんですけど、甲子園には出たいと思っていたので」

屋井は金久中の出身で、離島甲子園では奄美市選抜のキャプテンを務めている。小学4年時に奄美出身だった両親のUターンに合わせて東京都西東京市から転居しており、高校進学時には島外に出る選択肢もあった。「離島甲子園で戦った仲間と甲子園に行きたい」という思いから大島高校に進んだだけに、ベンチ外の事実はショックだった。

川﨑は朝日中出身の外野手。2人の兄が大島高校に進学しており、川﨑も自然と「行きたい」と思うようになった。だが、中学時代は控え選手で、離島甲子園のメンバーにも入れなかった。高校で野球をする予定もなかったが、中学時代から仲のよかった青木が野球部に入ると聞いて川﨑も入部することに。青木とは自主練習のパートナーになった。

コーチの泊が「視野が広くて気づく能力があって、率先して動ける」と語るように、川﨑は首脳陣から類まれなベンチワークを評価された。九州大会はイニング間のグラブ渡しや試合中の声かけで貢献したが、ベンチ入り人数が九州大会より2名減る甲子園では枠がなかった。

「秋が終わった時に塗木先生から『甲子園のベンチ入りは18人だから、ベンチワークとしては入れられないよ』と言われていました。紅白戦での記録も伴っていなかったので、ベンチに入れなかったのは納得しています」

監督である塗木にとっても、ベンチ入りメンバーを決めるのは苦渋の選択だった。大山にベンチから外れることを告げた塗木は、「もう追いつけないなと思ってる自分がいないか？」と語りかけたうえで、大山に「手を見せて」と促した。

バットスイングでマメだらけになった大山の手のひらを見て、塗木はこう告げた。

「もうちょっと自分自身に期待したほうがいい。自分自身の本音とちゃんと向き合えば、必ず変われるから」

その言葉は、大山の胸に響いた。

「先生はちゃんと努力を見てくれているんだな、とうれしかったです。最後まで野球部でやり切ろうと思えました」

ベンチに入れなかった部員たちの無念さを背負い、大島高校は甲子園へと向かった。

関東チャンピオンへの挑戦

阪神甲子園球場のスタンドは、春は黒く、夏は白く見える。選抜高校野球大会が開催される3月下旬は肌寒く、スタンドにはコートなど黒っぽい上着を着込む観客が多くなる。一方、全国高校野球選手権が開催される8月は真夏であり、白っぽい軽装の観客ばかりになる。

２０２２年3月23日、兵庫県西宮市の最高気温は10度と平年よりも冷え込んだ。新型コロナウイルスの感染防止対策として設けられた上限2万人の入場者数制限は、その前日には解除されていた。だが、この日は平日ということもあって入場者数は1万人に留まった。バックネット裏スタンドは厚着をした観客によって、明度の低い重い色が広がった。内野席は全体的に空席が目立ち、緑色の座席がむき出しになっていた。

だが、一塁側のアルプススタンドは黄緑色一色に染まった。大島高校の大応援団が帽子からジャンパーまで、同一色のコスチュームで統一したからだ。

島民にとっても選手にとっても、やっとたどり着いた晴れ舞台。それなのに、心太朗はどこか浮かない顔でキャッチャーズボックスに座っていた。

心太朗は腰に強い痛みを抱えていた。年明けの活動再開後の紅白戦で空振りした際に、腰を痛めたのだ。父の哲は、心太朗の異変をすぐに察知した。

「稼頭央の投げた変化球を空振りしてから歩き方がおかしくなったので、『あ、やったな』とすぐにわかりました」

さまざまな治療を試したが、痛みは治まらなかった。とくにバットをスイングする時と全力で走る時、腰に鈍痛が響いた。思うようなプレーができないふがいなさから、心太朗は練習中に涙を流すこともあった。

息子が思い詰める性格だと知っている哲も気が気ではなかったが、塗木は哲にこんな言葉をかけている。

「心配せんでいいよ。心太朗は試合になったら強いから」

一方、いつものように先発マウンドに立った稼頭央は、いつも以上に気持ちの乗りを感じていた。

「これが甲子園のマウンドか……」

小高い丘で柔らかい土を踏みしめ、ホームベースの方向を見る。その先にプロテクター姿の心太朗がいる。少しは感傷に浸りたいところだったが、稼頭央は目の前の投球に集中することにした。対戦相手は関東大会チャンピオンで強打線を売りにする明秀《めいしゅう》学園日立（茨城）。少しでも気を抜けば火だるまになることはわかっていた。

記念すべき第1球は、１１０キロのチェンジアップ。この冬場に精度を高めようと練習し、手応えを得た球種だった。ところが、その自信のボールは高めに抜け、ボールになった。稼頭央は「あれ？」と違和感を覚えた。

「やばいな、ボールが浮いてるな。気持ちが浮いてしまって、どうしても体に力が入ってるんだろうな」

　それでも、立ち上がりは総じて快調だった。1番打者の本坊匠《ほんぼうたくみ》は外角のストレートで空振り三振。2番の平野太智《たいち》にはチェンジアップをセンター前に運ばれたものの、3番の石川ケニーを外角のスライダーで空振り三振、4番の武田一渓《いっけい》は外角のストレートで空振り三振に抑えた。とくに石川はプロスカウトも注目する大会屈指の左打者だけに、1打席目から封じられたのは幸先がよかった。心太朗は稼頭央の進化を感じ取っていた。

「甲子園の前に左バッターのインコースを練習で試していたんです。秋までは左バッターのインコースはシュートして、使いづらかったので。きれいな回転のストレートが来るようになって、アウトコースがより生きるようになりました」

　1回を終わって0対0。静かに動き始めた試合は、2回に入って急展開を見せる。

曇り空に消えたフライ

　記録員として甲子園のベンチに入った女子マネージャーの國分咲希《こくぶさき》は、選手の様子を見て「いつもより盛り上がりがないな」と感じていた。

「いつもは勢いがあるのに、今日は初めての場所に萎縮して押されてしまってるみたい」

記録員は3年生の女子マネージャーである國分、栄桜子、富華愛の3人のローテーションで回していた。センバツ初戦は國分の順番であり、家族からは「持ってるじゃん」と称えられたという。だが、國分は聖地の空気の重さに戸惑っていた。

背番号14の控え内野手である上原賢寿郎もまた、違和感を覚えていた。

「甲子園は声を出しても、全然通らないんです。『声が届いてないな』と何回も思いました。全然大高らしい雰囲気がつくれなくて、あの場に飲み込まれた感じでした」

左翼のポジションについた青木は、甲子園球場の広さに驚いていた。

「ほかの球場とサイズは同じでも、甲子園は圧倒的に広く感じました。全方位に観客がいて緊張感があるし、レフトからベンチに走って戻る時も『長いな』と感じていました」

すぐ右を向けば、三塁側アルプススタンドに陣取った明秀学園日立の応援団が見える。青木はプレッシャーを感じ始めていた。

2回裏、明秀学園日立は先頭打者の猪俣駿太《いのまたしゅんた》がカーブをとらえ、センター前ヒットで出塁する。続いて6番・中堅手の佐藤光成《こうせい》が右打席に入った。

実は佐藤は、明秀学園日立監督の金沢成奉《せいほう》も、大島高校の心太朗も「キーマン」と考えていた選手である。金沢は佐藤を6番打者で起用しているものの、「プロに行けるだけのポテンシャルがある」と才能を高く買っていた。

宮城仙北ボーイズでは、ボーイズリーグの日本代表に選ばれ、５番・捕手で活躍した。身長１８０センチ、体重74キロの均整の取れた体格に、優れた身体能力。高校では外野手に転向し、走攻守に潜在能力が高いアスリート型プレーヤーだ。だが、高校入学後は思うような結果が出ず、一時は「学校をやめます」と金沢に申し出るほど挫折を味わった。そんなある日、金沢は佐藤にある人物からの電話を取り次いだ。佐藤が電話に出ると、巨人の坂本勇人の声が聞こえてきた。

「監督さん、怖いよな。やめたくなるのもわかるけど、いつか戻ってよかったって思える日がくると思うよ。俺も同じようなことがあったから」

金沢にとって坂本は、前任校の光星学院（現八戸学院光星）時代の教え子だった。坂本も高校1年時に鼻にピアスをつけて野球部を退部しようとした出来事があった。球界の大スターからの言葉は佐藤の胸に響き、その後は心を入れ替えて練習に励むようになった。

金沢はセンバツを前に、佐藤にこんな期待をかけていた。

「石川は警戒されるし、左対左の勝負だから分が悪いだろう。そうなると右バッター、とくに一冬越えてグレードアップしていた佐藤が大野を打てるかだろう」

一方の心太朗は、外部コーチの奥裕史と明秀学園日立の打線を徹底的に研究していた。そのなかで、佐藤の能力の高さに不気味さを覚えていた。

「佐藤はパワーがあって、あまり苦手なコースもわからなかったので警戒していました。足もあるので、いい選手だなと」

ストレート狙いの佐藤に対して、大島バッテリーはインコースのストレートを選択する。佐藤は鋭くスイングしたものの、バットに当たった瞬間「詰まった」と察知した。打球は高いフライになって、左中間へと飛んだ。

インパクトの瞬間、左翼の青木は「捕れる」と直感した。天然芝を駆って、左中間へと移動する。一方、中堅の中も「捕れそうだな」と感じながら打球を追った。いつもなら中堅の自分が捕りにいく打球に思えた。そんな時、左方向から青木の「オーライ！」という声が聞こえてきた。中は「（青木）蓮に任せよう」とスピードを緩めた。

フライの落下点に近づいた青木は、左手にはめたグラブを差し出した。だが、打球は青木のグラブをかすめるように通過し、左中間で弾んだ。

「えっ？」

すぐさま中がボールを拾い、内野に返す。猪俣は三塁、佐藤は二塁で止まり、無死二、三塁とピンチは広がった。

記録上はヒットになったが、青木からすると「自分のミス」という認識だった。

「走っていくうちに力が入って、目線がぶれたのか……。それとも、球場の空気に飲まれたのか……」

稼頭央に動揺はなかった。これまでも守備陣がいくらミスしようと、表情や態度に出してこなかったのだ。稼頭央は続く小久保快栄《かいえい》に四球を許したものの、辻天成《てんせい》を詰まった二塁フライ、伊藤和也のスクイズを本塁でアウトにして二死までこぎつけた。

だが、1番打者の本坊に対してカウント3ボール2ストライクから、インコースを狙ったストレートが外れて押し出し四球になってしまう。明秀学園日立が1点を先取した。

とはいえ、まだ1点に過ぎない。後続の平野を打ち取るべく、稼頭央は渾身のストレートを投げ込んだ。「イメージ以上にストレートが伸びてくる」と感じていた平野はバットを出すものの、打球は詰まって左翼方向へ高く上がった。

平野が一塁に向かって走ろうとした時、視線の先で意外な動きが見えた。

「あれ、レフトが後ろに行ったな?」

左翼の青木はフライを見失っていた。

打球が上がった瞬間は見えたのだが、「銀傘《ぎんさん》」と呼ばれる球場バックネット裏にそびえる巨大な屋根に打球が重なった。青木が「見づらいな」と顔をしかめると、フライは銀傘を越えて曇り空に溶けていった。ボールと同系色の空が重なり、見えなくなったのだ。

中堅の中は「前!」と叫んだが、その声は甲子園の大歓声にかき消された。青木は上空に消えた打球を必死で探し、ようやく発見する。ボールははるか前方に落ちようとしていた。

「見えたと思った時には、もう遅かったです」

一度は後退しかけた青木はすぐさま前進し、フライに飛び込んだものの打球は無情にも甲子園の芝にポトリと落ちた。2人のランナーが生還し、明秀学園日立に3点目が入った。

魂のエース

負の連鎖は続いた。

3回裏、明秀学園日立は二死から6番・佐藤が遊撃左へ内野安打を放ち、出塁する。さらに稼頭央の一塁牽制がボーク判定を受け、二死二塁となった。

続く小久保が放った打球は、右翼方向に高々と舞い上がる。だが、今度は右翼手の直江朝日が打球を見失っていた。

「最初にボールを見失って、次にセカンドの有馬の動きを見たら、懸命に後ろに下がっていたんです。『甲子園はセカンドとライトの間に打球が落ちやすい』と聞いていたので、前だろうと思って前進したら、途中でボールが見えてきて。『結構伸びてるな』と思った時には、もう遅かったです」

全力でジャンプする直江をあざ笑うかのように、打球はその後方に落ちた。佐藤が生還し、明秀学園日立に4点目となる得点が刻まれた。記録はまたも二塁打になったが、直江のミスということは誰の目にも明らかだった。

通常時であれば、甲子園出場校には大会前に「甲子園練習」と呼ばれる練習時間が割り当てられる。そこで打球の見え方や風向きの特徴などを確認できるのだが、今大会はコロナ禍の影響で甲子園練習はなかった。出場校の選手たちは試合前のシートノックで甲子園の特徴をつかみ、順応するしかない。

とはいえ、大島高校がまったく対策をしてこなかったわけではない。むしろ、監督の塗木によって外野のポジショニングは念入りに確認していたはずだった。だが、外野陣の相次ぐミスを見て、塗木は「選手に考えさせ過ぎてしまった」と悔いた。

いくら稼頭央といえど、外野陣にミスが頻発しては試合の流れをつなぎ止めるのは難しかった。4回裏には佐藤にこの日3安打目となる2点タイムリー二塁打を浴びるなど、4失点。明秀学園日立との点差は8に広がった。

明秀学園日立の金沢は胸をなでおろしていた。先発右腕の猪俣もいつも通り安定した投球を見せており、打ち込まれる気配は微塵もなかった。

「大野くんにとっては不運で申し訳ないけど、これで試合は決まったな」

金沢が恐れていたのは、稼頭央の前に得点を奪えず、接戦に持ち込まれることだった。そんな展開になれば、実力以上の力が働くことは目に見えていた。

「甲子園は判官《ほうがん》びいきの文化がありますから。離島の公立高校で、島出身の選手が多い大島高校が頑張っていれば、甲子園のファンも『大島を応援しよう』というムードになる。球場の空気が変わる怖さはありました」

その後も明秀学園日立・猪俣はピンチらしいピンチをつくらせない。走者を一塁に出しても、併殺打を2回打たせて三塁すら踏ませない投球を見せた。金沢が「パワー自慢の投手とは違う、『ザ・ピッチャー』」と胸を張るエースが、大舞台でも本領を発揮した。

その一方で、金沢は稼頭央のマウンド姿に心を打たれていた。いくら勝利が絶望的な状況になっても、稼頭央の目は死んでいなかった。

「心が折れてもおかしくない試合で、1球たりとも諦めたボールがない。勝敗を超越して、『島の仲間たちと戦うんだ』という意志を感じるボールでした」

稼頭央は5回以降も毎回走者を許す苦しい投球が続いたが、ピンチで踏ん張り明秀学園日立に追加点を許さなかった。試合は0対8のまま、最終回に入った。

「本当に試合をしたのか？」

9回裏、一死から9番・直江の打順で2年生の体岡大地が代打に告げられた。

体岡は前山龍之助の三塁のレギュラーポジションを脅《おびや》かす好打者である。同じ喜界島出身で1学年上の嶺は、体岡をこう評する。

「野球も勉強も凄くて、島では『喜界の根尾（昂／中日）』って呼ばれてました」
中学時代は学業成績ナンバーワンで、大島高校入学時には新入生代表として挨拶のスピーチもしている。攻守とも安定感があり、左打席での打撃も確実性が高かった。

「ずっとテレビで見ていた甲子園の打席だ……」
打席に立ちながら、現実感がなかった。それでも、目の前のボールに食らいつくしかない。この回から明秀学園日立は外野の石川と投手の猪俣のポジションを入れ替え、マウンドには左腕の石川が立っていた。石川の１３４キロのストレートを体岡がとらえると、打球はセンター前に抜けていった。スタンドからは大歓声が起きた。

「まさか自分が甲子園でヒットを打てるなんて！」
体岡はようやく甲子園でプレーしている実感が湧いた。打順は１番に戻り、同じく２年生の有馬が左打席に入る。有馬はこの日２安打を打っていたが、いずれも内野安打。「（体岡）大地が打って応援が凄くて、より一層打ちたい気持ちが強くなった」という有馬は、ライト前に快打を飛ばす。３本目にして、甲子園で初めて出たクリーンヒットだった。

その瞬間、甲子園球場がうねるような大歓声が沸き上がった。アルプススタンドで断続的に発生していた手拍子は、いつしかバックネット裏にまで伝播《でんぱ》し、指笛の音が響き渡った。まるで大島高校が逆転のチャンスを迎えたかのような盛り上がりである。

明秀学園日立の遊撃を守る平野は、そのプレッシャーに圧倒されていた。

「まるで球場全体が大島の応援をしてるみたいや。こっちが勝ってるのに、大島の雰囲気に飲み込まれそうやな」

稼頭央が四球を選び、一死満塁のチャンスで打順はキャプテンの武田である。石川のような左投手は苦手だったが、「この流れに乗っていこう」と武田は気合を入れて打席に向かった。

この日の武田はエラーを1つ犯し、ここまで3打席でノーヒット。「思ったことが全然できてないな」とフラストレーションは募る一方だった。

だが、最後の打席でも武田は乗り切れなかった。「ストレートだ」と思ったボールは、ホームベースの手前でスッと食い込んできた。石川のスライダーを当てにいくようにしてとらえた打球は、遊撃の平野の守備範囲に飛んでいった。

安定した足さばきでゴロを捕球した平野が二塁ベースを踏み、一塁へ送球。武田のヘッドスライディングも及ばず、試合は終わった。

「本当に試合をしたのか？　まだ1時間くらいしか経ってないんじゃないか」

明秀学園日立の校歌を聞きながら、武田は試合が終わったことが信じられなかった。

甲子園はあまりに早く、あっけなく終わった。奄美大島の仲間たちと夢見て、ようやくたどり着いた場所からもう立ち去らなければならない。その事実が無性に腹立たしかった。

第8章 不協和音

罵詈雑言のオンパレード

甲子園から帰って病院で検査を受けた西田心太朗は、腰の疲労骨折と診断された。しばらくは実戦から離れ、リハビリや上半身のトレーニングに取り組むことになった。

心太朗が離島甲子園に参加しなければ、心太朗が大島高校に進学しなければ、心太朗が大野稼頭央を誘わなければ、大島高校が甲子園に出ることはなかっただろう。本来であれば達成感を覚えても不思議ではない夢舞台だった。にもかかわらず、センバツを終えて心太朗の胸に去来したのは「不完全燃焼」の5文字だった。

「正直言って、甲子園に行けてよかったという思いはあまりないんです。思い通りの力が出せなかったし、悔いが残りました。たぶん、みんなそうだったんじゃないですか」

心太朗は腹を決めた。「もう1回、あの場所に行こう」と。

監督の塗木哲哉もまた、「甲子園ベスト8」の壁の高さを痛感していた。

「甲子園ベスト8を目標にしていても、初戦に大阪桐蔭に当たったらどうするのか。全国制覇するチームに勝てるようなチームをつくらなければ、甲子園ベスト8なんてかなえられっこないんだ」

残されたチャンスは夏の1回だけ。だが、夏に向けて再起を誓うはずの大島高校には、振りほどけないような重いムードがまとわりついていた。

　塗木は甲子園から帰ってきた選手たちを見ながら、「まだ時間がかかりそうだな」と感じていた。とくに深い傷を負っているように見えたのは、甲子園で2つのフライを捕球できなかった青木蓮である。

　表面上は平静を装っていたが、明らかに守備中の動きがおかしい。青木は甲子園でのプレー以降、「守るのが怖くなった」と明かす。

「フライを捕れないから捕ることに焦ってしまって、『すぐ投げよう』と思うと投げるほうも悪くなって。一つ悪くなると、全部崩れてしまいました」

　甲子園から帰った後、塗木は意図的に青木を左翼手で使うことを避けていた。心理的な負担が大きいと考えたからだ。だが、練習試合で中堅手として起用しても、青木は平凡な打球を弾き、あまつさえ送球もとんでもない方向へと逸れてしまう。塗木はチームの勝敗をあずかる指揮官として、決断を下すしかなかった。

「外野手として（青木）蓮を使うのは厳しいな」

　このままでは厳しい。それは本人がもっとも自覚していた。ある日、青木は同じく甲子園で外野フライを見失った右翼手の直江朝日を誘って、インターネットを開いてみた。

「SNSでは、どんなことが書かれてあるのだろう？」

　些細な思いつきから今までフタをしていたブラックボックスを開けると、そこには容赦ない人間の悪意と本音が渦巻いていた。

「大島の外野は中学生以下」

「ピッチャーがかわいそう」

「守備がゴミ過ぎる」

罵詈雑言《ばりぞうごん》のオンパレード。

直江は「それはそうだよな」と批判の声に納得しつつも、「でも、そこまでヘタじゃないのにな」と鬱屈した思いを抱え込んだ。

一方の青木は、「外からの声は気にしないタイプだから何のダメージもない」と言った。無責任な第三者に何を言われようと、傷つくことはなかった。ただし、「勝てた試合を自分のせいで落とした」という悔恨《かいこん》は青木を蝕み、苦しめた。

「何をやってもうまくいかない。でも、夏の大会までは時間がない。このままじゃ、自分がベンチに入ったってチームの役に立てない。どうすればいいんだ……」

苦悩する青木をそっと見守っていたのは、コーチの泊慶悟だった。泊自身も2014年の甲子園出場時には左翼を守った経験がある。

「甲子園は孤独感を覚える場所だと選手には伝えていました。いざ、その場に立ってどうこうしようと思っても、染みついた習慣は抜けないもの。嘘のつけない、怖い場所だと感じました」

泊は青木のように甲子園で大きなミスを犯すことはなかった。それでも、センバツ後に打撃の調子を崩し、指導者の助言に素直に耳を傾けられないまま夏を終えた後悔があった。青木には同じような思いをさせたくなかった。

「青木の負った傷はどうしたって残るし、消えないものだと思います。でも、彼にはそれを受け入れてほしい。甲子園の風や景色の見づらさを言い訳にしてしまうと、進歩はありません。ミスはミスと受け入れ、素直に伸びる選手になってほしいです」

センバツ以降、青木は背番号７を失い、夏に向けて暗中模索の日々を送ることになる。

人が離れていく

稼頭央がマウンドを蹴り上げる。それは大島高校の誰もが見たことのない光景だった。

春のセンバツでの惨敗から約１カ月後、大島高校は宮崎で開催された春季九州大会の１回戦を戦っていた。春の九州大会はセンバツ出場校が自動的に出場できる仕組みになっており、大島高校は地元・宮崎の小林西と対戦した。

大島高校は故障離脱した心太朗に代わって４番に入った中優斗が２点タイムリーヒットを放つなど、５回までに３対０とリードする。先発した稼頭央は５回を被安打２の無失点と危なげない内容で、試合はこのまま大島高校が優位に進めるものと思われた。

だが、稼頭央は6回表にソロホームランを浴びると、7回表には大崩れする。振り逃げと2つの四球で一死満塁のピンチをつくり、4連打を浴びるなど6失点。稼頭央らしからぬビッグイニングになってしまった。

この日、稼頭央とバッテリーを組んだのは1学年下の田邊瑛吉である。田邊は稼頭央の様子がいつもと違うことに焦りを覚えた。

「顔がいつもより苛立っているな」

一塁ベースカバーに入った際、打者走者と激突した稼頭央は転倒。すると、稼頭央はあからさまに顔をしかめ、怒りをあらわにした。宮崎アイビースタジアムのマウンドとの相性もよくないようで、スパイクで乱暴にマウンドを蹴るしぐさを見せた。投球テンポはいつも以上に速く、力みからボールは上ずった。

今までの稼頭央は、いくら守備陣がエラーを連発しようと感情を表に出すことはなかった。龍郷野球スポーツ少年団でプレーした小学生時から、「エラーするのが当たり前」という感覚で投げており、どんな時でもマウンドで平然としていた。むしろ味方がエラーした直後のほうが、魂の乗ったボールを投げ込む投手だった。

だが、そんな姿は今の稼頭央からは消え失せていた。感情をコントロールできないエースを前に、経験の浅い田邊はその心境を慮《おもんぱか》るしかなかった。

「心太朗先輩が出られないことで、稼頭央先輩のなかで『自分がしっかりしなきゃ』という思いがいつも以上に強かったんだと思います。その分余裕がなくて、僕もサポートできなくて、バッテリーで落ち着けませんでした」

塗木は稼頭央を諦め、リリーフに同じく左腕の直江を送った。稼頭央は右翼のポジションに回ったが、その後はマウンドに戻ることはなかった。試合は３対８で敗れた。

心太朗は今までにない稼頭央の感情的な姿をベンチで見ながら、稼頭央が背負ってきたものの重さを感じ取っていた。

「秋の九州大会から甲子園までほとんど稼頭央１人に投げさせてきたけど、いつしか周りが『稼頭央なら抑えて当たり前だろう』という目で見るようになっていた。稼頭央も周りからの期待に応えようと、『自分が勝たせないと』と思うようになっていたんじゃないか。自分たちは稼頭央に負担をかけ過ぎていたんじゃないか」

試合が終わった直後、コーチの泊はこの日９番・左翼で出場した竹山陸斗から、こんな言葉を聞いている。

「なんだか、自分たちから人が離れていくような気がしました」

今まで愛想よく近づいてきたメディア、スポーツメーカーの人々が、今では自分たちを遠巻きに見ているような感覚。まるで、「お前たちはもう用済みだ」と言わんばかりに。

竹山の言葉を聞いて、泊は２０１４年を思い出していた。21世紀枠でセンバツに出場した後、結果が残せないとなるとどんどん人が離れ、忘れ去られていくあの感覚を。

「島のなかには褒めてくれる人しかいません。周りに人がいるのが当たり前になって、上から目線になったり、小さな物事に気づかなくなったりする。でも、それは当たり前じゃない。勘違いしてるだけだと思うんです。そうなると、勝利の女神は微笑んでくれないですよね。一度そっぽ向かれると、なかなか振り向いてくれませんから」

チームの雰囲気は、キャプテンの武田涼雅が「どん底」と表現するまでに暗く、落ち込んでいた。

本音のミーティング

稼頭央は不意に逃げ出したくなるような衝動と戦っていた。

センバツから帰ってきて以降、何もかもうまく回らない。夏に向けて気持ちを入れ直さなければならないはずなのに、甲子園に出たことで満足そうにしている部員もいた。「自分がやらなければ」と気合を入れれば入れるほど、空回りしてしまう。練習試合でも自分の投球が原因で、いい流れを断ち切ってしまう試合があった。

それでも、応援してくれる人の期待に応えなければならない。今までは自分の背中を押してくれていた激励の声が、今では重荷に感じるようになっていた。

九州大会の小林西（宮崎）戦で、すべてのフラストレーションが爆発してしまった。だが、イラついたのはチームメートに対してではない。ふがいない自分に対してだ。

「チーム状態がよかったのに、自分のせいでチームを負かせてしまった。チームに対して申し訳ないという思いから感情的になって、初めてキレたところを出してしまいました」

稼頭央は、いつしか野球に身が入っていない自分に気がついた。小学生の頃、あんなに楽しくて仕方なかった野球に、今はがんじがらめにされている。稼頭央はチーム全体がバラバラになっていることを感じ取っていた。

稼頭央は九州大会後、キャプテンの武田に「ミーティングを開かない？」と提案している。ただのミーティングではない。お互いに腹を割って、本音を語り合うミーティングである。稼頭央はチームメートが自分に遠慮して、言いたいことも言えない状況にあることを認識していた。

武田自身も「このままではダメだ」という問題意識を強く持っていた。

「秋の九州大会で準優勝してから、チームはよくない方向に変わってしまった。夏に勝つためには、一からやらないといけない。自分自身も初心に戻りたい」

大島高校の空き教室に3年生全員と2年生のベンチ入りメンバーが集まった。武田は「きついことでも、どんどん言ってほしい」と発言を促した。

重苦しいなか、誰もが驚くような人物が手を挙げた。今までどんなミーティングでも、ほとんど発言することのなかった前山龍之助である。

「お前がダメだから、チームは負けたんだよ」

前山は稼頭央に向かって、はっきりと告げた。

「甲子園に行けたのも、どんなにイヤなことがあってもお前が表情に出さずに抑えてくれたからだろ。エースなんだから、もっと責任持って行動しろよ」

その言葉はストレートに稼頭央へと突き刺さった。

稼頭央は「やっぱりそうか」と思いながら、竹山の顔を見た。実は、竹山からも同様の指摘を受けていたからだ。

小学生時代からのチームメートである竹山は登下校をともにすることが多く、稼頭央はことあるごとに相談を持ちかけていた。いつも広い視野から物事を見つめる竹山は自分の話をしっかりと聞いてくれるうえに、的確なアドバイスを授けてくれた。

九州大会の後、竹山は稼頭央にこう言っている。

「たぶん、お前に本音で言えるのは一緒にいる俺しかいないから。マウンドで苛立ちを見せたら周りにも広がって、悪影響を与えるんだよ。イライラしたら俺のほうを見て、リラックスしろよ」

小学生の時も中学生の時も、試合中にうまくいかないことがあると、捕手の竹山から声をかけられて冷静になれたことが何度もあった。高校ではバッテリーの関係ではなくなったが、いつも竹山の声に安心させられた。試合中は味方のエラーに苛立ちを見せないようにしていたが、竹山には「あれくらい捕ってほしいよな」と愚痴ることもあった。

普段はミーティングでめったに発言をしない前山が意を決したように伝えてきた言葉を、稼頭央は真正面から受け止めた。

一方で前山には前山なりの覚悟があった。

「誰かが言わないといけないことだし、稼頭央が変わってくれないと夏は勝てません。それに、自分自身も変わらないといけないと思いました。普段はミーティングで人の意見を聞くばかりで、『こうでしょ』と思うことがあっても自分からは言わなかったんです。でも、そんな自分から変わっていこうと決めました」

前山に続き、堰《せき》を切ったように多くの部員が口を開いた。外野手の控えである白畑勝喜郎は、武田と稼頭央に向けて「中心選手なのに試合前日の緊張感がない」と苦言を呈した。白畑や青木、上原賢寿郎といった控え選手が自主練習でバットを振っていても、主力が遊んでいる場面を見ていた。それでは試合に出ていない選手がしらけてしまう。

武田もまた、彼らの本音を真摯《しんし》に受け止めていた。

「みんなよく言ってくれた。（前山）龍之助が発言したのは意外過ぎたけど、言わなきゃいけない存在だったからよかった。自分も変わらなきゃ」

ミーティングが終わった後、龍郷町の自宅への帰り道で稼頭央は竹山にこうつぶやいた。

「やっぱ、変わらんとな」

喜村健太の奮闘

鹿児島県では5月下旬にＮＨＫ旗争奪鹿児島県選抜高校野球大会が開かれる。県内から20校が選抜されるトーナメント戦で、「夏の前哨戦」と位置づけられている。

春のセンバツ、九州大会ともに初戦敗退に終わった大島高校としては、一つでも多く公式戦を戦って夏に向けて経験値を積みたいところだった。

だが、大会前に稼頭央が新型コロナウイルスに罹患《りかん》して調整不足だったこともあり、登板を回避。5月22日の鹿児島高校との初戦は武田が先発マウンドに上がり、2対3と接戦の末に敗れた。これで前年秋の九州大会準決勝以降、大島高校は公式戦で1勝もできないまま夏の鹿児島大会を迎えることになってしまった。

この大会で優勝を飾ったのは、鹿児島城西だった。

鹿児島城西の背番号5をつけたのは、奄美大島出身の喜村健太である。喜村は猛烈な努力の末に、レギュラー番号を手にしていた。

前年の12月25日、クリスマス当日に喜村は監督の佐々木誠から「見ぃ〜つけた！」と声をかけられている。

「今日からサードね」

鹿児島城西は三塁手のレギュラーが不在だった。そこで佐々木は、強肩ながら外野の控えに留まっていた喜村に目をつけたのだ。喜村は「チャンスだ」と目の色を変えた。三塁の経験など、ほとんどなかった。冬場はコーチの宝富嗣にひたすらノックを打ってもらい、守備を磨いた。1学年下のライバルである森海晴《かいせい》、同じく1学年下で左投げながら三塁をこなす濱田《はまだ》陵輔《りょうすけ》と切磋琢磨する毎日を過ごした。

そんな喜村の努力をチームメートも見ていた。エースナンバーをつける変則サウスポーの津波辰弥は言う。

「毎日、グラウンドに最後まで残って練習していました。あいつが凄いのは、ちゃんとテーマを持って練習してること。優しくていいヤツなんですけど、諦めずに努力するあいつを見て自分も刺激を受けていました」

津波も沖縄県名護市から鹿児島城西に進んでいるだけに、島から鹿児島にやって来た喜村への親近感があった。

春になって初めて背番号5を手渡されると、喜村はすぐに奄美大島の両親に電話した。スマートフォンの向こうからは、父のむせび泣きが聞こえてきた。大島高校が甲子園に出場し、奄美で暮らし続ける家族に「健太も島に残っていればよかったのに」という声が浴びせられていることも知っていた。喜村は「きついことに耐えてきてよかった」と実感した。

ただし、レギュラーの座は盤石ではなかった。ＮＨＫ旗の大会に入ると、森と濱田との併用が続いた。神村学園との決勝戦は、喜村は途中出場している。

試合は9回表を終わった段階で1対7と6点のビハインドを追う展開になった。9回裏の先頭打者として打席に入ったのは、喜村である。

内心「厳しいな」と現状を見つめつつ、喜村は「三振でもいいから、とにかく思い切って振っていこう」と心に決めた。喜村が放った打球は、センター前に飛んだ。

先頭打者の喜村の出塁を皮切りに、鹿児島城西打線は猛反撃を開始する。4点を返し、さらに4番の明瀬諒介が2点タイムリーを放って同点。最後は濱田がサヨナラヒットを放ち、鹿児島城西が6点差を大逆転して優勝を決めた。

「みんなで冬にやってきたことが、やっと実ったと思いました。きつい練習をみんなで乗り越えてきたので」

喜村はやっとチームの戦力になれた充実感を覚えていた。春の大島高校に続いて、夏は自分たちが甲子園へ行く。その未来しか見えなかった。

伝説のサードコーチャー

ＮＨＫ旗の終盤戦を視察した塗木は、「今年の鹿児島に飛び抜けたチームはない」と再確認していた。鹿児島城西が劣勢を跳ね返したように、少しの力の差なら最後は選手の気持ち一つでどうにかなる。そんな手応えを得た塗木は、奄美大島に帰ってから選手たちにこう語りかけることが増えた。

「夏の大会は、最後はテンションだから。負けることを怖がらず、2週間をテンションで乗り切る。テンション、テンション、ハイテンションだ！」

7月開幕の夏の大会に向けて、選手たちはそれぞれに自分の課題に向き合っていた。本音をぶつけ合ったミーティングを経て、チームは一丸となりつつあった。

嶺塁守は紅白戦が組まれると、いつも三塁ベースコーチを買って出た。外部コーチの奥裕史からは、こんな言葉をかけられていた。

「コーチャーを本気でやってみたらどう？　可能性はあるから」

嶺がコーチスボックスに立つと、奥は傍らについてアドバイスを送るようになった。

「外野の守備位置、肩の強さ、捕球する位置で判断は全部変わってくるから。コーチャーはすべてを頭に入れて判断しないとダメだよ」

紅白戦だけでなく、特定の状況を想定したケースバッティングでも、奥は「塗木先生はこういう意図で指導してるんだぞ」と嶺に噛み砕いて伝えてくれた。

紅白戦ではAチームの攻撃だけでなく、Bチームの攻撃でも嶺は三塁コーチスボックスをどこうとしなかった。

「バッティングも守備も、自分よりいい選手はたくさんいる。自分が勝負するならここしかない。みんなのなかに、『三塁コーチャーは塁守』という印象を残したい」
「ベンチ入りしたい」という自分の願望から志願したことだったが、続けていくなかで発見もあった。分け隔てなく三塁ベースコーチをやったことから、全選手の走力と性格を把握できるようになったのだ。

そして、今まで以上に塗木の一挙手一投足に注目するようになった嶺は、その観察眼に何度も驚かされた。

「紅白戦や練習試合を見ていて、『なんでわかるの？』と思うことがいっぱいありました。塗木先生が稼頭央に『ファーストランナーに牽制を入れろ』と指示したら、その直後にランナーが飛び出したり。塗木先生の目には、ランナーの様子が今までと違うと映ってるんでしょうね。毎日真剣に野球を見ていれば、わかるんだなと思いました」

奥や塗木の教えを受け、嶺は野球の奥深さをより探求するようになる。そこには、今までにない「知れば知るほど面白い」世界があった。

首脳陣も夏の大会のベンチ入りメンバーを決めるために、頭を悩ませていた。大きな焦点になったのは、やはり青木である。

センバツ以降、すっかり自信を失った守備面は戦力として見込めなかった。持ち前の打撃でも紅白戦で思ったような成績を残せず、コーチ陣のなかから「青木は難しいのでは？」という声も上がった。

そんななか、塗木に「このまま青木を終わらせたくありません」と進言したのは、部長の小林誠矢だった。

「確かに青木はうまくいっていませんでしたけど、このまま夏の大会をベンチ外で終えたら彼にとって野球は黒歴史のままになってしまう。ちゃんと終わらせてやるのも指導者の役目ではないか、と塗木先生に伝えました」

小林の脳裏には、いつも最後までグラウンドに残って打ち込む青木の姿があった。

「これだけ努力できる人間には、最後はいい場面で回ってくるはず」

小林にはそんな願望にも似た確信があった。小林自身、鹿児島中央での高校3年夏の大会はベンチ外でスタンドから応援した経験がある。小林は「できないことはできないこととして受け入れて、次に生かす。それが島の子どもの長所なんだから」と青木を信じ続けた。

スタッフの意見を踏まえ、最終的に決断したのは塗木だった。塗木は3年生の意地にかけた。青木には背番号18を与え、さらに春のセンバツでベンチを外れて涙を流した屋井智稀には背番号16を授けた。そして最後、背番号20には嶺の名前を書き記した。

ある日、学校のテストを受けた嶺が寮に戻ると、スマートフォンに喜界島の祖母からLINEが届いていた。

「おめでとう！」

南日本新聞の紙面に夏の鹿児島大会のメンバー表が掲載され、嶺がベンチ入りしていることを家族が知ったのだ。まだメンバー入りを知らされていなかった嶺は思いがけない吉報に、喜びを嚙みしめた。

「自分がやってきたことが、やっと報われた。初めてチームの戦力として、ベンチに入れたんだな……」

嶺の帽子のひさしの裏には、黒いマジックペンで「伝説のサードコーチャー」としたためられている。書いたのは、嶺が野球部に入るきっかけになった稼頭央である。

6月30日、大島高校野球部の一行はフェリーで鹿児島新港を目指した。集大成の夏が始まろうとしていた。

第9章

九死一生

悪魔からの解放

腰の疲労骨折が癒え、実戦に復帰した西田心太朗は、夏の大会を前に自身のスローイング動画を見直していた。自分の動作を客観的に見つめ、「力み過ぎて無駄な動きがあるから、リリースがズレるのかな？」と感じた。

そこで、心太朗は今までとはまったく別のアプローチを思いつく。

野球選手は通常、ボールを投げる際に投げ腕とグラブハンドを遠ざけるように予備動作をとる。その動きを「割れ」と呼ぶのだが、腕の長い心太朗は「割れ」こそ自分のスローイングが乱れる原因ではないかとにらんだ。

「割れをなくして、ミットを体の中心に置いて投げてみたらどうだろう？」

極端に言えば、投げ腕（右腕）とグラブハンド（左腕）を遠ざけるのではなく、グラブハンドを投げ腕と同調させるような動作に変えるのだ。この投げ方を試したところ、心太朗の体にピタッとはまる感覚があった。

「腕の振りのアクションが小さくなったことで無駄な動きが減って、再現性が高まる感覚がありました」

盗塁阻止のような瞬時の反応で投げるスローイングはもともと改善されており、問題はバント処理や振り逃げの処理のように余裕を持って投げるシチュエーションだった。今までは考え過ぎて球筋が乱れていたが、新しい送球動作を試してからは不安がなくなった。

夏の鹿児島大会初戦でその自信は確信に変わった。心太朗は「余裕がある時ほど、ミットと一緒に右腕をトップに持っていく」と意識することで、送球が安定するようになった。

それは今までにない感触だった。

「やっと……、やっと完璧に感覚をつかんだぞ！」

試合中にもかかわらず、心太朗は興奮を抑えきれなかった。長らくイップスに苦しめられてきた心太朗は、ようやく確固たるスローイングの感覚をつかんだ。あれほど苦しめられたイップスを克服したのだ。

２０２２年７月２日、大島高校は鹿児島大会１回戦・薩南《さつなん》工業戦に臨んでいた。

薩南工業は県内で中堅校として名の通った侮れない相手であり、おまけに大島高校には初戦への苦手意識もあった。エースの大野稼頭央は長らく公式戦の勝利から遠ざかっていたこともあり、慎重に試合へと入っていった。

「去年の夏も変な試合をしてる（鹿児島中央に7対6で辛勝）し、コールドじゃなくてもいいから今年こそ安定した試合をしたい」

プレッシャーから硬くなりそうな初戦で、のびのびとプレーしたのは心太朗だった。３回表には２点タイムリーヒット、６回表にはタイムリー三塁打を放った。結局３打数３安打3打点の大暴れだった。イップスという悪魔から解放されたことを思えば、初戦の重圧など軽いものだった。

心太朗の爆発もあり、打線は薩南工業に15安打を浴びせて10得点を奪った。稼頭央はエラーで1点を失ったものの、終始安定した投球で8回1失点。大島高校は10対1の8回コールド勝ちで、幸先よく1回戦を突破した。

鹿児島ナンバーワン投手対決

中8日空いた2回戦の甲南戦では、1回表に稼頭央が立ち上がりから3四死球と乱れて2点を先制された。それでも、稼頭央は「どうせ追いつくから」と焦りはなかった。

甲南の守備の乱れもあって2回までに同点に追いつくと、さらに稼頭央が自らのバットで取り返すとばかりに2点タイムリーを放って勝ち越し。その後も追加点を重ね、9対2で7回コールド勝ちを収めた。

稼頭央は立ち上がりこそ苦しんだものの、2回以降は付け入るスキを与えず7回11奪三振の快投だった。大島高校は2戦連続コールド勝ち。この上ないスタートを切った。

だが、中2日空けて行われる3回戦は難敵・鹿児島商業との対戦になる。鹿児島商業は2007年春を最後に甲子園から遠ざかっているものの、春12回、夏13回の甲子園出場を誇る名門である。元プロ野球選手の横田真之が監督を務め、古豪復活を目論《もくろ》んでいた。エースの本格派右腕・三浦颯真は最速143キロをマークし、「鹿児島ナンバーワン右腕」の呼び声も高かった。

　稼頭央は三浦に対して強烈なライバル心を燃やしていた。

「三浦には絶対に負けたくなかったです。『右投手と左投手の県ナンバーワン対決』と言われていたので、そこで勝ってヒーローになってやろうと思っていました」

　鹿児島商業は打線も力があるため、稼頭央と心太朗は「ボールを低めに集めて、打線をつなげさせないようにしよう」と打ち合わせをした。

　立ち上がりは稼頭央と三浦が力を発揮し、中盤まで0対0の投手戦が展開された。

　三浦は身長181センチ、体重76キロの投手らしい体型で、スリークオーターの角度から鋭く腕を振り、快速球とスライダーを武器にした。大島高校打線から4回までに5三振を奪い、試合は膠着状態に入るかと思われた。

　しかし、5回裏に試合が動く。大島高校は8番打者の美島永宝が四球で出塁すると、盗塁に成功。続く直江朝日の送りバントが内野安打となり、無死一、三塁とチャンスをつくった。ここで打席に入ったのは、1番の有馬航大である。

　カウント2ボール2ストライクから、監督の塗木哲哉は「ヒットエンドラン」のサインを出した。一塁走者の直江を動かし、有馬のバットコントロールのよさにかけたのだ。有馬は「空振りをしないようにボールを引きつけつつ、差し込まれないよう前で打とう」と考えた。

三浦がセットポジションから投球動作に入る。一塁走者の直江がスタートを切ると同時に、どういうわけか三塁走者の美島までスタートを切った。このケースでは三塁走者はストップする作戦だっただけに、美島のサインミスだった。

有馬がバットを出す。ところが、「力んだ分、少し詰まった」という打球はフライになり、三塁側ベンチ前へと飛んだ。

慌てたのは、すでに三本間の中間まで進んでいた美島である。「やべっ！」と声をあげ、すぐさま三塁ベースに帰塁する。その時、美島のなかであるアイデアが浮かんできた。

「この打球なら、サードとキャッチャーが交錯するかもしれない」

ホームベースを見ると、一塁手のベースカバーも遅れていた。美島は内心「行ける」と踏んだ。相手のスキを突く走塁は、毎日のようにケース練習を積んでいた。

美島のにらんだ通り、鹿児島商業の捕手と三塁手がファウルフライを捕球する際に交錯して倒れ込んだ。その瞬間、美島はタッチアップのスタートを切った。

三塁ベースコーチの嶺塁守も、自信を持って「ゴー！」と叫んでいた。

「ファウルフライは常にタッチアップの姿勢を取ってくれ、と全員に言っていました。チラッと見たらキャッチャーとサードがぶつかりそうだったし、（美島）永宝も行く気満々でしたし。勝負をかけるならここだと思いました」

　間一髪のクロスプレーになった。美島のスライディングが一瞬早かったという判定で、セーフ。大島高校が貴重な1点をもぎ取った。

　驚くべきは、一塁走者の直江もこの間に二塁へと進んでいることである。直江もまた、「永宝なら行くとわかっていた」と、タッチアップ狙いに切り替えていた。大島高校の選手たちがいかに走塁技術を磨いていたか、象徴するワンシーンだった。

父の叫び

　鹿児島商業打線の鋭いスイングを目の当たりにして、心太朗は「凄い圧だな」と冷や汗をかいていた。高校最後の夏にかける思いがスイングから伝わってくるようだった。

　だが、心太朗はそれ以上に稼頭央のボールに圧倒されていた。

「間違いなく、今まで受けてきたなかで最高のピッチングだ」

　4回表には前山龍之助のエラーをきっかけに二死満塁のピンチを背負ったが、投手の三浦が打席に入ったとたんにギアが一段切り替わった。外角低めのストレートに三浦はバットが出ず、見逃し三振。圧巻の内容でピンチを切り抜けた。

　稼頭央もまた、「過去最高のピッチングだな」と心太朗と同じ感想を抱いていた。鹿児島商業の強打線への対抗心、三浦という好投手へのライバル心、高校最後の夏という執着心。そのすべてが噛み合い、稼頭央は今まで以上に研ぎ澄まされていた。

三浦も1点を失った後は大島高校に得点を許さず、1対0のまま7回裏に入った。

大島高校は3本の内野安打が重なり、二死満塁のチャンスをつくる。ここで打順が回ってきたのは、4番の心太朗である。

応援スタンドで見守っていた父・哲は、いてもたってもいられなくなった。

「今までのこと、思い出せよ〜！」

ネクストバッターズサークルから打席に向かおうとする息子に、哲は叫んだ。すると、心太朗がこちらを向き、うなずいたのが見えた。今まで心太朗の苦労を間近で見てきた哲は、涙をこらえ切れなかった。

この日の心太朗は、ここまでノーヒット。想像以上にスピード感がある三浦のストレートにタイミングが合わず、打てる自信はなかった。

その反面、不思議な感覚があった。打席のなかで、相手捕手の配球が自然と読めたのだ。「遊び球があるだろうな」と予想すると、案の定外角へ外すボール球が来る。「今度はストレートを張りながら、変化球に対応しよう」と決めると、外角のボールゾーンへ逃げる変化球が来たためバットをピタッと止める。「自分がキャッチャーだったら、どんな球を投げさせるか」と想像しながら打席に立つと、ことごとく読みが当たった。

カウントは２ボール２ストライク。ここで心太朗は「自分がキャッチャーなら、最後は絶対にインコースに投げさせるだろうな」と考えた。インコースは得意ではなかったが、今までより数センチ打席の外側に立った。

「イチかバチか、インコース以外が来たら諦めよう」

割り切ってボールを待っていると、やはりインコースのストレートが来た。心太朗が迷わず強振すると、打球は左翼手の頭上を越えていった。

３人の走者が生還し、ダメ押しとも言える３点が追加された。三浦は８回を投げて10奪三振と力投したものの、この日の稼頭央には及ばなかった。

稼頭央は９イニングで１５６球を投げ切り、５安打完封。12奪三振をマークする手のつけられない投球内容だった。

なお、試合後に判明したことだが、スタンドの哲が叫んだ言葉は、心太朗には届いていなかった。単純にベンチ方向を見てサインにうなずいた心太朗を、哲が自分に向かってうなずいたと勘違いしただけだった。心太朗は笑って言う。

「なんかスタンドでワーワー言ってるなとは思ったんですけど、それどころじゃないですから。もう、ピッチャーの三浦しか見てなかったです」

これで大島高校はベスト８に進出。甲子園まであと３勝に迫った。

町北周真のラストサマー

鹿児島大会3回戦では、大きな波乱が起きていた。樟南が敗れたのだ。

これまで大島高校を散々苦しめてきた町北周真は技ありのタイムリーヒットを1本打ったものの、消化不良に終わった。

「負けるべくして負けたと思います。チームとしてうまくいかないまま夏に入ってしまって、最後までズルズルいってしまいました」

秋に続き、守備の綻びが最後まで響いた。前年夏の甲子園出場校は早々と姿を消した。

なお、大島高校の選手たちと町北は昨秋の対決以降、球場のスタンドでバッタリ会う機会があった。大島高校の選手団に取り囲まれた町北は、しばらく彼らと談笑したという。

「大島高校はいい子ばっかですよ。壁がなくて、優しい子たちでした。その後は球場で会うたびにしゃべってます」

あれほど「大阪に帰りたい」と鹿児島に馴染めずにいた問題児も、高校野球引退後は鹿児島ラーメンの食べ歩きをエンジョイしている。

「『豚とろ』って鹿児島ラーメンのお店がダントツでおいしかったです。現役の時は外食がダメだったので、楽しいですね。鹿児島の人も優しいし、愛着はあります」

一方、稼頭央は町北の素顔を知り、そのギャップに戸惑った。

「試合の時はあんなにガラが悪いのに、スタンドで会ったらめちゃくちゃいいヤツで、面白かったです。町北はピュアでかわいいヤツですよ。鎧《よろい》をつけるといかつくなる武将みたいな感じなんでしょうね」

樟南が3回戦を突破していれば、準々決勝と大島高校と対戦するはずだった。その樟南を3対2の接戦で破ったのが、伏兵の出水中央である。

ダークホースの雑草軍団

出水中央は鹿児島県北西部、熊本県との県境の出水市にある私立高校である。甲子園出場経験こそないものの、野球部は学校の強化指定部になっている。

ただし、入学してくる選手たちのレベルは、決して高いとは言えない。２０１９年から監督を務める城須智也は言う。

「鹿実や樟南に行く子がAランクとすれば、ウチに来るのはB〜Cランクの子がほとんどです。エースの坂口（颯翔《はやと》）にしても、中学時代はサードがメインで、ピッチャーとしては2〜3番手でしたから」

出水中央が躍進した原動力は、「村山兄弟」にある。兄・村山大地、弟・村山大志の双子の兄弟で、小学校時代から鹿児島球界では有名人だった。小学生時にはソフトボールで全国大会に出場し、鹿屋市立吾平《あいら》中でも県大会上位の常連だった。

中学時代は大地が投手、大志が捕手で双子バッテリーを組んだ。大地は鹿児島実業、大志は樟南からそれぞれ勧誘を受けたが、「兄弟で一緒に声をかけてくれたから」と出水中央に進学している。練習メニューを選手自身が決めるなど、自主性を重んじる方針だったのも村山兄弟にとって魅力に映った。

村山兄弟は「甲子園出場」を目標に掲げた。といっても、出水中央に集まるのは鹿児島実業や樟南のような強豪から声がかからなかったような部員ばかりである。「1回戦だって勝てるかわからない」と反発する部員もいた。実際に秋の県大会は2回戦で敗れている。それでも、村山兄弟は諦めなかった。部員たちと対話を重ね、「強豪にチーム力で勝とう」と訴え続けた。とくにリーダーシップを発揮したのは、弟の大志である。

優しくおだやかな性格の大地に対して、大志は気が強く物怖《ものお》じせずに人に意見できる性格だった。チームでは弟の大志がキャプテン、兄の大地は副キャプテンを務める。

といっても、当人たちからすると、どちらが「兄」でどちらが「弟」かは問題ではない。兄の大地は苦笑交じりにこう語る。

「よく大志がお兄ちゃんに見られるんですけど、自分がお兄ちゃんと思ったことはないです。たった1分違いで先に産まれただけなので」

大志は「どんな小さなことでも、部員に嫌われる覚悟で言ってきた」と話す。「強いチームはどうやって勝っているのか？」を徹底的に調べ、野球部での活動以上に学校生活が大切だという結論に達した。「挨拶はしっかりする」「ゴミが落ちていたら拾う」「授業中は寝ない」といった、「凡事《ぼんじ》徹底《てってい》」をチーム内に浸透させた。

だが、なんとしても結果がほしかった3年春の県大会は3回戦で敗れた。悩みあぐねた村山兄弟を救ったのは、チームの仲間たちだった。

「もっと俺ら3年を頼っていいんだよ」

そう言ってくれたのは、同期の外野手である平田義貴だった。平田は高校1年の秋まで陸上部の駅伝ランナーとして活躍し、野球部に転部してきた変わり種だ。「チームを引っ張らなければ」と肩に力が入っていた大志は、気が楽になった。

練習メニューに応じて3年生のリーダーを決めて運営するようになると、チームはうまく回り始める。5月のNHK旗ではベスト4に進出。夏の鹿児島大会はダークホースと目されるまでになっていた。

たとえプロ注目選手がいなくても、たとえ強豪に誘われなかった部員がほとんどでも、束になって戦えば甲子園に行ける。出水中央はそれを証明するために夏を戦い、樟南を破ったのだった。

大野稼頭央攻略法

7月18日、3回戦から中3日を空けて大島高校と出水中央の準々決勝は平和リース球場で行われた。

試合は大島高校ペースで始まった。1回裏に一死一塁から3番の武田がレフト後方へ大飛球を放つと、出水中央の左翼手が打球をグラブに当てたもののこぼした。

この場面を見て、三塁ベースコーチの嶺は勢いよく右腕を回した。有馬が三塁を回り、長駆ホームを目指す。嶺は出水中央の試合を分析し、「ショートの送球に難がある」と見ていたのだ。

「前日に試合を見ていて、ショートの子が送球エラーを2個していたんです。（武田）涼雅の打球をレフトが弾いて、普通なら有馬を三塁で止めて心太朗で勝負するところなんですけど、ショートが中継に入ったので勝負をかけてもいいんじゃないかと思いました」

ところが、実際にはカットプレーに入った遊撃からの送球はほとんど逸れなかった。完全にアウトのタイミングだったが、出水中央は捕手の大志が送球をミットで弾いてタッチできない。ラッキーな形で大島高校が先制に成功した。

大志は自分のミスを悔いた。

「普通に捕れるボールでしたけど、なぜか弾いてしまいました。今までにない観客の数と、夏の独特の雰囲気に飲まれていたのかもしれません」

2回裏には二死一、三塁から有馬が放ったフライがレフト線にポトリと落ち、2点目が入った。大島高校からすれば幸運な2得点。稼頭央という絶対的なエースがいることを考えれば、大きな2点目である。

だが、塗木は出水中央の打線を警戒していた。

「ミート力のある選手が多くて、稼頭央のボールでも当ててくるとわかっていました」

心太朗もこれまでの相手との勝手の違いを感じていた。

「稼頭央はいつも通りのピッチングをしていましたけど、出水中央の打線がよくて、合わされているなと感じました」

大志は打席に立って稼頭央のボールを見ても、驚きを感じなかった。夏の大会に入って10打数2安打と調子はよくなかったが、この日は「ボールが見えている」とさえ感じた。チームとして取り組んできた稼頭央対策が生かせると確信した。

「大野はボールが速いので、タイミングが遅れないように上から叩くことをチームで徹底していました」

春の大会で川内に0対1の完封で敗れて以来、出水中央の選手たちは打撃の意識を一新した。「低い打球」を合言葉に、練習から実践した。実戦練習でフライを打ち上げると、大志は容赦なくチームメートに指摘した。

「ジコマン（自己満足）のバッティングをしないようにしよう」

すべては強豪に勝つため。出水中央はチーム一丸で弱者の兵法に取り組んだ。

3回表、出水中央は9番・丸田陽が二塁打で出塁すると、1番の大志がじっくりとボールを見極めて四球を選ぶ。じわりじわりと稼頭央にプレッシャーをかけていった。一死二、三塁のチャンスで3番の徳田怜雅が二塁ゴロ。有馬が一塁でアウトにする間に、出水中央が1点を返した。

4回表には先頭打者の5番・齋藤凌がヒットで出塁すると、6番の大地が送りバントでつなぐ。7番の平田は三振に倒れたものの、8番の坂口が放った打球は三塁右へと飛んだ。大島高校の三塁手は前山である。前山は難しいゴロをうまく捕球したものの、一塁への送球が逸れてしまう。悪送球の間に齋藤が生還し、出水中央が同点に追いついた。

「またやってしまった……」

前山は失態にため息をもらした。鹿児島商業戦でもエラーを犯すなど、不安定な守備が続いていた。負の連鎖は打撃面でも続き、夏の大会初戦は3番でスタートした打順は11打数1安打と不振のため6番に下がっていた。

5回表には齋藤が遊撃手・武田の頭上をわずかに越えるタイムリーヒットを放ち、とうとう出水中央が勝ち越しに成功する。さらに6回表には、前山のこの日2個目のタイムリーエラーが出て点差は2点に広がった。

出水中央は2回から毎回先頭打者を出塁させ、完全に自分たちのペースで試合を進めていた。目を見張るような打球はなくても、しぶとくヒットや小技でつないでいく。自分のできることを全うする、出水中央らしい野球が展開されていた。

ここまでの3試合で完璧に近い投球を見せてきた稼頭央だったが、出水中央の打線と相対して「完全に研究されているな」とやりにくさを感じていた。

村山兄弟の躍動

出水中央の先発右腕・坂口颯翔は、能面のように色のない表情でマウンドに立っていた。身長１７６センチ、体重66キロの細身から、最速１３８キロをマーク。キャッチボールの延長のような力感のないフォームから放たれるストレートは、打者の手元でホップする体感がある。ＮＨＫ旗以降の出水中央の躍進は、坂口の急成長が原動力になっていた。

坂口は常に喜怒哀楽を表に出さない。監督の城須は苦笑交じりに解説する。

「周りから『覇気を出さんか』ってよく言われるんですけど、全然感情を表面に出しません。でも、あれが彼の持ち味なんです」

本人も「あんまり顔に出ないので、『何考えてるかわからない』ってよく言われます」

と明かす。勝負所で三振を奪っても、打線が爆発して仲間たちが喜んでいても、坂口の頭に去来するものは「無」だという。だが、それも自分の個性と考えている。

「マウンドで表情を変えたら相手バッターに自分の心境を読まれてしまうし、今のまま無表情でいいと思っています」

そんな坂口でも、大島高校戦の立ち上がりは平常心ではいられなかった。

「体調はいつも通りなのに初回から汗の量が半端なくて、『いつもと違うな』という感じはありました。プレッシャーがあったのかもしれません」

２回までに不運な形で２点を失ったものの、その後は「打たせて取ろう」と割り切って快調にゼロを積み上げていった。３回戦では町北を擁する樟南打線を２失点で抑えて完投しているだけに、出水中央は確実に勝利へと近づいていた。

ただし、捕手の大志は一抹の不安を覚えていた。

「いつもよりボールがひと伸び足りない感じがしました。初回から独特の緊張感のなかで投げていたので、スタミナも心配でした」

７回裏、その不安が的中する。坂口は二死無走者から制球が甘くなり始めた。実は右足のふくらはぎがつり始めていたのだ。

それまで拙攻が続いていた大島高校は、ここから長打攻勢で追い上げる。２番の稼頭央がレフトオーバー、３番の武田がライトフェンス直撃、４番の心太朗はライトオーバーと

３連続二塁打で同点に追いついた。捕手の大志は「全部甘いコースに入ってしまった。この２点は防げたな」と唇を噛んだ。

４対４の同点。終盤に入って流れが変わり、大島高校にとっては完全な勝ちパターンである。前年秋から「接戦になれば勝てる」という認識が選手たちの間で定着していたのだ。

一方、出水中央ベンチは意気消沈していた。８回表の先頭打者に立つ大地は、その重苦しいムードを感じていた。

「追いつかれてチームの雰囲気もどんより重くて、どうにかして自分が塁に出て流れを変えてやろう」

本来なら中軸を任される打力がある大地だが、春以降は打撃不振に苦しみ、夏は６番打者として出場していた。そんな大地は大島戦の試合前夜、ある決断をしている。

「素振りをしていたら、パッとひらめいたんです。無駄な動きが出たら大野の速いボールは打てない。シンプルにバットを短く持って、最短距離で振ろうって」

試合当日に屋内での打撃練習で試してみると、やはり感触はよかった。大地は稼頭央に対して２打数２安打１犠打と結果を残し、自信を持って４打席目に向かった。

高めに入ってきたストレートを大地が鋭く弾き返すと、打球は右中間へと飛んだ。「前までの意識だったら絶対に打てない」と振り返る、会心の二塁打だった。

一死後、打席には投手の坂口が入った。「打撃は得意じゃない」と語る坂口だが、ここで稼頭央の変化球が抜けて甘く入ってきた。坂口がコンパクトに合わせた打球は、センターへと飛んだ。大地が本塁に生還し、出水中央が1点を勝ち越した。

塁上でポーカーフェイスを崩さないまま、坂口は内心喜びを噛みしめていた。

「注目されてるピッチャーから打ててうれしかったです。ベンチでチームメートも喜んでいるのが見えましたし」

出水中央の攻勢は終わらない。さらに「1点差では足りない」と危機感を持って打席に入った1番の大志がインコースの難しいコースの速球をレフトへと運ぶ。坂口が本塁に生還し、出水中央のリードは再び2点に広がった。

「どんどん振っていこうと思っていたので、ファーストストライクにうまく反応できて、いいところに転がってくれました」

大志のヒットを誰よりも喜んでいたのは、兄の大地である。

「今までの試合は兄弟のどっちか打って、どっちか打てないことがよくあったんです。2人ともこんなに打てたのは大島戦が初めてで、うれしかったですね」

大地は充実感で満たされていた。「このメンバーでいつまでも試合がしたい」、その思いで胸がいっぱいだった。

一方、大島高校ベンチにとっては、思いがけない展開だった。この日いいところがなく途中交代に終わった前山は、戸惑いを隠せずにいた。

「これまでの自分たちは、追いついて一気に逆転して勝つ試合が多かったんです。それなのに、追いついてから引き離されるのは体験したことがありませんでした」

4対6。大島高校が2点のビハインドを背負い、試合は最終局面を迎える。

一縷《いちる》の望みをつなぐ主将

9回裏、大島高校は2番の稼頭央から始まる好打順である。

稼頭央は9回を投げ抜き11三振を奪った一方、12安打を許して6点を奪われていた。

「なんとか打って返したい」と意気込み、左打席に入った。

一方、出水中央の大志は「大野は本当に大事だ」と考えていた。バッテリーのバットで2点差に広げたとはいえ、坂口の疲労はピークに達しつつある。先頭打者の稼頭央を抑えれば、優位な形でクリーンアップと勝負できるはずだった。

坂口が「最後の力を振り絞ろう」と投じたストレートを、稼頭央は振り抜く。だが、力のないフライは中堅を守る大地のグラブに収まった。坂口にとっては「力で押せた」と会心の投球だった。そして、こうも思った。「勝ったな」と。

稼頭央はベンチに戻りながら、現実を受け止めていた。

「負けたな。これで引退か……」

がっくりと肩を落とし、ベンチに腰かける。決して調子が悪かったわけではなく、出水中央は強かった。それでも、仲間たちへの申し訳なさが募ってきた。

感傷的になり、ふとベンチ内を見渡す。すると、稼頭央ははっと気づいた。チームメートの誰もが戦う目をしていた。打席に入った武田に、魂のこもった声を送っていた。

「諦めていたのは自分だけだったのか……」

武田は2ストライクと追い込まれていたが、粘りに粘っていた。「稼頭央がアウトになったことで、逆に気が楽になった」と、破れかぶれの心境だった。

一方、坂口の疲労は限界に達しようとしていた。スライダーでストライクが取れず、頼れるのはストレートだけ。それも武田にファウルにされてしまう。最後はカウント3ボール2ストライクから四球を与えてしまった。

「やばいな……」

大志はイヤな予感がした。タイムを取って間を空けるべきかとも考えたが、まだ2点差ある。焦らず、一つひとつアウトを積み重ねていけばいいと切り替えることにした。

ここで打席に入ったのは4番の心太朗だ。考えていたのは「つなぐ」という思いだけだ。

「稼頭央のためでも、誰のためでもなく、とにかく次につなぐことしか考えていません」

前の打席で同点二塁打を放っており、状態はよかった。心太朗はヒットでつなぎ、一死一、二塁とチャンスを広げる。

5番の中優斗は「（武田）涼雅がフォアボールで出て、いけると思った」と、ポジティブな心境で打席に入った。併殺打を打てば試合終了になる場面だが、読みも冷静だった。

「バッテリーはランナーを背負うなかで、ボール先行にはしたくないはず。必ず初球からストライクを取りにくるだろうから、その球を狙おう」

中の目論見《もくろみ》通り、初球から甘いボールが来た。思い切りよくとらえると、打球は一、二塁間を抜けていった。これで満塁である。

大志は平和リース球場の異様な盛り上がりにおののいていた。

「自分たちの応援スタンド以外、全員が敵に見えました。完全に大島寄りの雰囲気で、アウェーだなと感じました」

やはり武田に四球を与えた時点でタイムを取るべきだったと振り返ってもみたが、後の祭りだった。それでも、打順はここから下位打線に入るのだ。

6番打者は途中から三塁に入っていた体岡大地である。春のセンバツで代打安打を放って以降、この2年生の好打者は状態を高め前山のレギュラーの座をますます脅かしていた。

坂口はどんなに疲労困憊であろうと、相変わらず無表情でマウンドに立っていた。低めに自分のボールを集めれば、打たれない。その自信は揺らいでいなかった。

カウント3ボール2ストライクまでもつれ、ラストボール。低めの厳しいコースに坂口のストレートが突き刺さった。

「よっしゃ、決まった。三振だ！」

大志がぐっと拳を握りしめた次の瞬間、背後から「ボーッ！」と思わぬ声が聞こえた。まさかのボール判定が告げられたのだ。

坂口も「ストライクゾーンに行った」と確信した、渾身の一球だった。1点差に迫られ、なおも一死満塁のピンチが続く。大志はため息を吐きつつ、冷静さを取り戻していた。

「やっぱり、今日の坂口だともうひと伸びが足りなかったんだ」

1点差となり、大島高校にとっては押せ押せの展開。ここで打席に入ったのは、途中から竹山陸斗に代わり左翼に入っていた青木蓮である。

代打男の意地

「やっぱり自分はこういうところで回ってくるんだな」

青木はしみじみと感じながら、ネクストバッターズサークルから打席へと向かった。

秋の大会はラッキーボーイになり、春のセンバツでは痛恨のミスで〝戦犯〟になった。

「いい意味でも悪い意味でも、いろんな経験をした」と振り返れるようになるまで、青木の精神状態は回復していた。

夏の大会のベンチ入りまで危ぶまれた時期もあったが、青木は「バッティングでチームに貢献しよう」と気持ちを切り替えることにした。つまり、課題の守備には目をつむり、開き直って代打として生き抜く決意を固めたのだ。

「塗木先生が言うには、代打はファーストストライクを振るか振らないかで大きく変わってくるということでした。自分でもファーストストライクを振れないとアウトになることが多いと感じていたので、強く意識するようになりました」

もともと練習量の多い選手だったが、今まで以上に自主練習に打ち込んだ。付き合ってくれたのは、中学時代からの親友である川﨑大雅である。川﨑は夏の大会のベンチ入りメンバーから外れていたが、裏方として尽くしていた。

「夏に自分が出られないことはわかっていたので、もう蓮に託すしかなかったんです。蓮が活躍してくれるように、1球でも多く打てるようにサポートしました」

青木は高校入学時、バドミントン部に入ろうとした過去がある。当時はバドミントンがマイブームだったからだ。最終的に「小学4年生からやってきた野球はやめられない」と野球部へ入部するのだが、もしバドミントン部に入っていれば川﨑も同調する予定だった。

負けず嫌いの青木は、周囲に弱音を吐くタイプではなかった。それでも、一心不乱に振り込む青木の姿を見て、川﨑はすべてを察した。何も言わず、トスを1球1球上げるだけだった。青木の誇りを取り戻すためには、バットを振るしかないとわかっていた。

この日の青木は、竹山の代打として起用された1打席目にセンター前へヒットを放っていた。これが夏の大会初安打。２打席目は四球を選び、「打てる気しかしない」と意気軒高で３打席目を迎えていた。

「どこへ投げても打ってやる」

青木がバットを振り抜くと、快音とともにセンター後方へとフライが飛んでいった。中堅を守る大地の守備範囲内ではあったが、犠牲フライには十分の距離。三塁走者の心太朗がタッチアップで生還し、大島高校は６対６の同点に追いついた。

ボールボーイとしてベンチ脇に座っていた川﨑は、思わず立ち上がって叫び声をあげた。

「本当はボールボーイは喜んだらダメなんですけど、自分のことのようにうれしくて立ち上がってしまいました。ボールボーイというより、チームの一員になっていました」

青木は「少し詰まった」とやや不服そうだったが、チームが同点に追いついたことを素直に喜んだ。ここで終わるわけにはいかない。甲子園の借りは甲子園で返すしかないのだ。

まだ同点というのに、三塁ベースコーチの嶺は涙を流していた。

「もう（体岡）大地の打席から泣いてました。『頼む、頼む……』って、いっぱいいっぱいでした」

三塁ベースコーチらしからぬエモーショナルさだが、一方で冷静さも同居していた。その直前、中のライト前ヒットの場面では慎重な判断でチームを救っている。

「外野が長打警戒でかなり深く守っていたので、最初は『回せるな』と思ったんです。でも、（武田）涼雅の走りがめちゃくちゃ遅く感じて。いつもの涼雅ならこのあたりまで進んでいるだろう、と思う場所までたどり着いてなかったんです。涼雅は行く気だったと思うんですけど、危ないと思ったので三塁で止めました」

同点に追いついた背景には嶺の冷静な判断があったのだ。そして同点になって涙腺は崩壊しても、二死一、二塁となった次の場面のポイントも嶺は頭に入れていた。

「出水中央の外野は1人でバックホームをしてくることがあまりない。内野のカットをつないでホームに返してくる。延長戦にもつれたらやられる可能性もあるし、外野にヒットが行ったら思い切って勝負をかけよう」

ワンマンチームなんかじゃない

一打サヨナラのチャンスで打席に入ったのは、8番の美島だ。鹿児島商業戦の好走塁に加え、ここまで鹿児島大会4試合で7安打と夏のラッキーボーイになっていた。

この日も2安打を放っていた美島だが、その顔色は冴えなかった。4回表の守備中、前山の悪送球を捕ろうと足を伸ばした際に左足の太もも裏を痛めていたのだ。

「たぶん肉離れだろうなと思いました。その後から送球に対して足を伸ばして捕ることができなくなって、打球が飛んできたら終わりだなと思っていました」

試合中盤には塗木から「替わるか？」と打診されたが、美島は「大丈夫です」と断っている。美島にとって、本格的な野球競技人生はこの大会が最後になる。どうしても最後まで試合に出たかった。

「ここでチームが負けたら、一生後悔する気がしました。これまでの人生で一番の無理をしました」

そんな手負いの美島にとって、目の前で青木が放った犠牲フライは強く勇気づけられるシーンだった。

「思い切ったスイングで外野後方まで飛ばした蓮を見て、正直『勝てるな』と思いました。チャンスで消極的なスイングするのはダメなので、思い切りよくいこうと決めました」

カウント1ボールからのファーストストライクを美島が強振する。打球はセンターの大地の前で弾むクリーンヒットになった。美島は左足を引きずりながら、一塁へと向かった。センター正面の打球だったが、三塁ベースコーチの嶺は迷わず太い右腕をグルグルと回した。ランナーの中が三塁ベースを蹴って本塁に突入する。

中堅の大地は、自身の捕球体勢があまりよくないことが気になっていた。

「バウンドが全然合ってないから、強いボールが返せないかもしれない」

出水中央では、「自分が捕った時点でランナーがすでに三塁ベースを踏んでいたら、1人でバックホームする」という決めごとがあった。だが、この時は大地が捕球した時点で中は三塁ベースのわずか手前にいた。大地は「カットまで返そう」と二塁手に返球する。だが、結果的にこの中継プレーが裏目に出る。わずかな時間とはいえ、中が少しでも本塁に近づけたのだ。

やや回り込みながら滑り込み、ホームベースへと左手を伸ばす中に、送球を受けた大志がすぐさまタッチする。次の瞬間、球審が両腕を真横に広げた。

弾けるように、三塁側ベンチから選手が躍り出る。2点のビハインドを跳ね返し、大島高校の逆転サヨナラ勝ちが決まった。

試合を投げ抜いた坂口は、最後まで無表情を貫いた。涙は出てこなかった。

「涙というより、チームメートに申し訳ないなという感じでしたね」

村山兄弟は人目もはばからずに涙を流した。大島高校を土俵際まで追い詰めたが、あと一歩及ばなかった。そして何より、苦しい時期をともに乗り越えた最高のチームメートともう野球ができないのが悔しかった。

「負けたのは悔しいですけど、高校野球を2年半やってきて、最後の試合に今までやってきたことのすべてが発揮された試合だったと思います」

主将の大志はそう総括する。出水中央は強烈なインパクトを残し、鹿児島大会を終えた。

九死に一生を得た大島高校は、これ以上ないほどチームが沸いていた。

コーチの泊慶悟は、殊勲の同点打を放った青木をねぎらった。泊も高校時代は左翼を守った経験があり、散々苦悩していた青木の姿を見ていたからだ。

「甲子園で２個ミスしたから、１個は取り返せたねぇ」

そう言う泊に、青木はこう言い返した。

「まだもう１個あるんで、取り返しますよ！」

とくに喜びを爆発させていたのは、稼頭央である。一度は勝利を諦めた稼頭央だったが、最後まで希望を捨てずに試合をひっくり返した仲間たちが誇らしかった。稼頭央は「言っちゃ悪いですけど」とはにかみながら、こう続けた。

「３年間やってきて、初めてチームに助けられた試合でした。周りが頑張ってくれたから勝てた。このチームでやれてよかったと本気で思えた試合でした」

大島高校の夏の鹿児島大会ベスト４進出は、実は史上初の出来事だった。もはや「大野稼頭央のワンマンチーム」と呼ぶ者は鹿児島にはいなかった。

チームとしての底力を見せつけ、甲子園へのカウントダウンは始まろうとしていた。

島を出てよかった

鹿児島大会ベスト４に進出したのは、鹿屋中央、鹿児島実業、国分《こくぶ》中央、そして大島高校の４校である。

前年秋に県準優勝、5月のNHK旗優勝と優勝候補の一角だった鹿児島城西は、準々決勝で鹿屋中央に4対7で敗れた。奄美大島から鹿児島城西に進んだ喜村健太にとって、最後の夏は幕を下ろした。

夏の大会も背番号5をつけた喜村だったが、2年生の濱田陵輔、森海晴との併用は続いた。2試合でスタメン出場したものの、ヒットを打つことはできなかった。

「練習ではよくても、試合になると調子に波があって安定して結果を残せませんでした」

喜村は三塁転向後の自身をそう振り返る。だが、やるだけのことはやったという充足感はあった。ただ一つ、心残りがあるとすれば家族のことだった。

「夏が終わった瞬間に、親のことが頭に浮かびました。ここまでお金もかかるのに、本土の高校に行かせてくれて感謝しています。甲子園に出ることで恩返しがしたかったんですけど、それができなかったのは悔しいですね」

試合が終わった後、応援に来てくれた父は喜村をこう称えた。

「お前が5番をつけてる姿が見られただけでも、うれしいよ」

高校卒業後、喜村は野球をやめようと決めていた。大学野球で続けることも考えたが、最終的には「公安系の仕事がしたい」という夢を追いかけることにした。映画『海猿』を見て以来、海上保安官に憧れていたのだ。

「大島高校のヤツらが甲子園でプレーする姿を見て、複雑な思いをしたのも事実です。あいつらのいいところは、楽しそうに野球をやるところだよなとも思いました。でも、僕は城西に来て本当によかった。身の回りのことが自分1人でできるようになって、地方出身の友達もたくさんできて、根性もつきました。今は早く一人前の社会人になりたいです」

高校野球引退後、喜村はずっと封印してきた趣味の釣りを復活させることになる。串木野《くしきの》から見える海は、当然故郷の奄美の海とは違う。だが、喜村はうれしそうにこんな実感を語るのだった。

「奄美と違う魚が獲れるのが、また楽しいんですよね」

15歳にして島を出た若者は、違う世界を知ってたくましい青年へと成長していた。

鹿児島実業の日常

浴室に爆音が反響する。

お気に入りはスウェーデン出身のアーティスト、アヴィーチーの曲だった。ジャンルはロックだろうと、ラブソングだろうとなんでもいい。ただ気が紛れればそれでよかった。

全裸になって大音量の洋楽を聴く。それが鹿児島実業のエース左腕・赤嵜智哉のストレス解消法である。赤嵜は日々の練習でフラストレーションをため込んでいた。

「お前のせいで負けた」

監督の宮下正一からは、毎日そう叱責された。高校2年夏の鹿児島大会決勝戦。背番号7ながら実質的なエース格だった赤嵜は、樟南打線に打ち込まれた。0対7で大敗したこの日以来、宮下の赤嵜への当たりが一層厳しくなった。

当時、赤嵜は左ヒジを痛めていた。もっと言えば夏の大会よりも前、春の九州大会の時点でヒジは痛かった。だが、「ここで投げなかったら使ってもらえない」という危機感から、痛みを隠して投げ続けた。夏の鹿児島大会は準々決勝で大島高校をほぼ完璧に封じ込めたが、準決勝以降は不本意な内容が続いた。

大会後、病院へ行くと「左ヒジの疲労骨折」が告げられた。宮下からは「夏一本で行け」と指令を出され、春までノースロー。ひたすら地道なトレーニングに励む日々だった。

赤嵜が少しでも苦しそうな表情を見せると、宮下は言った。

「今頃、稼頭央は走ってるぞ!」

宮下が大野稼頭央をスカウトし、断られていたのは鹿児島実業の誰もが知っていた。赤嵜は目をカッと見開き、歯を食いしばって再び走り出す。どうしても稼頭央には負けたくない。その一心で苦しいトレーニングに打ち込んでいた。

鹿児島実業野球部員の一日は早い。朝5時に起床し、上半身裸に短パンという出で立ちで外に出る。日本国旗を掲揚し、国旗に向かって礼。グラウンドに半裸姿で出て、声を出しながらのランニングや体力強化のトレーニングを1時間ほどこなす。軍隊と疑われても無理はない、鹿児島実業ならではの光景である。

　赤嵜は言う。

「朝方は霜《しも》が張ってるくらいなので、本当に寒いです。先輩から聞いて覚悟して鹿実に来たので、やめたいと思うことはなかったですけどね」

放課後も当然、「鹿児島ナンバーワン」と言われる厳しい練習が待っている。寮生活では自分のユニホームを自分で洗わなければならない。リラックスできる場所など、寮の浴室くらいしかないのだ。

　赤嵜は仲のいい土本亮太と浴室のドアを締め切り、しばらくこもることにした。コンパクトなスピーカーをジップロックに入れた状態でウォークマンとつなぎ、大音量の音楽を聴きながらユニホームにこびりついた泥を落とす。そうしていると、不思議と明日への活力が湧いてくるのだった。

「まあ、明日も言われるだろうけど、頑張ろう」

　そうやって慰め合い、赤嵜は厳しい日常を乗り越えていった。

雌伏《しふく》の王者

　赤嵜は鹿児島県の北西端に位置する出水郡長島町で生まれ育った。

鹿児島本土と黒之瀬戸《くろのせと》大橋でつながっているが、長島町は島である。幼少期から「甲子園に出るために、強いチームで野球をやりたい」と考えていた赤嵜は、中学時代に片道２時間以上もの時間をかけ、串木野市で活動する硬式野球クラブ・串木野ドリームズの練習に通った。真珠の養殖で生計を立てる父・清をはじめ、家族は赤嵜の夢の実現のために送迎の負担を買って出てくれた。

中学３年時に鹿児島実業の宮下がスカウトに来た。大分の明豊とどちらに進むか悩んだが、最後は自分の意志で鹿児島実業に行くことに決めた。入学後、コーチから「お前以外にも監督が獲りにいった左ピッチャーがいる」と聞かされた。それが稼頭央だった。

１学年上の先輩たちは大島高校との試合になると、異常な対抗心を燃やした。

「大野稼頭央と西田心太朗、鹿実の誘いを断ったこの２人に勝って、『鹿実に来ておけばよかった』と後悔させてやる」

そんな先輩の熱量につられるように、赤嵜も大島高校戦ではほぼ完璧な投球で抑え込んだ。２年春、夏での対戦はいずれも１点も許さなかった。

赤嵜は身長１７１センチ、体重67キロと体格的に恵まれているわけではない。それでも、右打者のヒザ元に鋭く食い込むスライダーを武器に、県内有数の好投手へと成長した。

打撃センスも抜群で、宮下は「稼頭央がウチに来ていたら、赤嵜は『３番・センター』で合間に投げるような存在になっていたかもしれない」と明かす。

赤嵜が故障で離脱した２０２１年秋以降、鹿児島実業は低迷し続けた。

秋の県大会は2回戦で鹿屋中央に2対7で完敗。春の県大会は準々決勝で神村学園に2対9で7回コールド負け。5月のＮＨＫ旗は初戦で鹿児島玉龍《ぎょくりゅう》に1対4で敗れた。

とくに泣きどころは捕手だった。中学時代から赤嵜とチームメートだった駒壽太陽《こまじゅたいよう》を遊撃から捕手にコンバートしたものの、うまく機能しなかった。主将でもある駒壽は責任感の強い性格で、チームのことを考えるあまりパフォーマンスがどんどん縮こまっていった。しまいには送球イップスを発症し、投手への返球すらままならない状態になった。

宮下は「心太朗に断られたことで、捕手の構想が狂ってしまった」と頭をかく。駒壽の代わりに捕手にコンバートしたのは、左翼を守る濵﨑綜馬《はまさきそうま》だった。

濵﨑は赤嵜、駒壽とともに串木野ドリームズから鹿児島実業に入学した右の強打者である。本人はもともと捕手志望だったが、宮下は「おっちょこちょいで、抜けてるところがある」と濵﨑の捕手適性を懐疑的に見ていた。

一方、駒壽は濵﨑の突拍子もない人間性に一目置いていた。

「中学の時から『ちょっと変わってるな』とは思っていたんですけど、『そういう場面じゃないだろ』というところで変なことをするので、目が離せないところがあります」

たとえば、こんな具合だ。宮下が濵﨑に対して、「最近、お前は悩みとかないのか？」と聞く。すると、濵﨑はこともなげにこう答えるのだ。

「最近、女の子にモテないんですよ」
練習中の鬼のような姿とは打って変わり、オフの宮下は気さくに冗談を言う親しみやすさもある。それでも、監督に対して気安く受け答えするには並外れた度胸がいるはずだ。駒壽は濵﨑に大物感を覚えていた。

濵﨑は中学時代から、鹿児島実業のチームカラーに憧れを抱いてきた。鹿児島実業オリジナルの「ハイィィィ〜ヤ！」という奇声じみた返事にしても、濵﨑は「カッコいい」と感じていたという。

「引く人も多いと思うんですけど、ああいうことができるのが鹿実らしいなと。シートノックも試合前の礼もテキパキしていて、こんなカッコいい野球ができるのは鹿実しかないなと思っていました」

5月のNHK旗以降、捕手にコンバートされた濵﨑は猛練習を積んで夏に備えた。赤嵜のウイニングショットであるスライダーを止められない限り、甲子園出場はあり得ない。ひたすら捕球練習に時間を費やし、急速な勢いで成長を遂げたのだった。

鹿実の大逆襲

ノーシードで迎えた夏の鹿児島大会。鹿児島実業にいきなり初戦から天王山が待ち受けていた。春の県大会でコールド負けを喫し、九州大会王者となった神村学園と激突したのだ。

大会直前の練習試合では思ったような結果が出ず、不安を残して迎えた初戦だった。だが、フタを開けてみると赤嵜が1年間の鬱憤《うっぷん》を晴らすかのような快投を見せた。

宮下はその投球に目を見張った。

「気持ちが入っていて、投げる球すべてがいいコースに決まっていました。いきなり九州チャンピオンの神村と当たってどうかと思いましたが、向こうもいきなり赤嵜と当たるのはイヤだったでしょうね」

試合は延長11回までもつれた末に、2対1で鹿児島実業が勝利。ここから鹿児島実業は勢いに乗った。危なげなくベスト4に進出し、準決勝では鹿屋中央と対戦する。

だが、試合前のシートノックから、鹿児島実業の選手は動きが緩慢だった。ポロポロと捕球ミスが目立ち、どこか集中力に欠けているようだった。

宮下は「目の前の試合に集中できていない」と分析していた。

「稼頭央がいるから『決勝で大島との対戦だな』と先を見て、準決勝は受けに回ってしまっていました。こういう時は一番怖いんです」

先発した赤嵜も本来の実力からすると、ピリッとしなかった。2回裏には、鹿屋中央の主砲・川井田利気にソロ本塁打を打たれ、先制を許す。駒壽が3ラン本塁打を放って逆転しても、7回裏には守備の乱れから満塁のピンチをつくり、5番打者の今釜陸に2点タイムリーを許して同点に追いつかれた。

最終的には延長11回表に濵﨑に2点タイムリー二塁打が飛び出すなど、一挙4点を奪って勝ち越し。7対3で辛勝したものの、赤嵜の球数は179球にのぼった。宮下は「正直言って、投げさせ過ぎたなと思いました」と振り返る。

決勝戦は中1日で7月24日に組まれる。鹿児島実業にとっては不安要素の濃い、決勝進出になった。

前山龍之助の汚名返上

平和リース球場で鹿児島実業が延長戦を制した後、第2試合では大島高校と国分中央の準決勝が行われた。

国分中央は霧島市にある市立高校。スポーツ健康科があり、近年めきめきと実力をつけてきた。前年秋は県大会ベスト4、春は県大会準優勝、そして夏もベスト4進出と3季連続で4強以上をクリアしている。

とはいえ、大島高校の士気は高かった。稼頭央だけの力に頼ることなく総力戦で出水中央との死闘を制し、チームは一つにまとまっていた。

だが、1人だけ乗り切れていない男がいた。出水中央戦で2つのタイムリーエラーを犯した、三塁手の前山龍之助である。

準決勝まで中3日空いたが、前山は「3日間、ずっとふがいないプレーが頭に残って、悩んでいました」と振り返る。4試合でわずか2安打とバットも湿っており、前山は「スタメン落ちもあるな」と考えていた。

だが、7月22日の試合当日の朝、監督の塗木哲哉が発表した先発メンバーのなかに前山の名前はあった。その瞬間、前山は今まで以上に身が引き締まる思いがした。

「絶対に監督の期待に応えてやろう」

春の九州大会後に開かれた選手間ミーティングで前山が批判した稼頭央は、チームのために腕を振り続けていた。

人に意見した以上、その言葉は自分自身にも返ってくる。前山は「俺もチームのためにやらなきゃ」と準決勝に臨んだ。

この日の稼頭央は、手がつけられない内容だった。140キロ前後のストレートが低めに鋭く伸びてくる。スローカーブや縦スライダーとの緩急も冴え、立ち上がりから奪三振を量産した。1回二死から6者連続三振を奪うなど、圧巻の投球を見せつけた。

そして打線も早々に稼頭央を援護する。

2回裏、先頭打者として打席に入ったのは前山だった。ファーストスイングで一塁側に飛ぶファウルを打った際、前山のなかで久しぶりの感触が蘇《よみがえ》ってきた。

「あ、これはいけるな」

自信を持って振り抜いた次のスイングで、レフト前へと運んだ。このヒットで前山は今までのミスを引きずることなく、吹っ切れたプレーを見せるようになる。

二死後に9番の直江朝日がヒットでつなぐと、1番の有馬航大がセンターへと抜けるヒットを放った。二塁走者の前山は好スタートを切り、三塁を回ってホームイン。大島高校が貴重な先制点を奪った。その後、さらにバッテリーミスの間に1点を追加する。

3回裏には4番・心太朗、5番・中優斗の連打で一死一、二塁のチャンスをつくり、またも前山に打席が回ってきた。すると、前山はライト前に弾き返し、二塁から心太朗が生還する。さらに今大会大当たりの8番・美島永宝が2点タイムリーを放ち、早くもリードを5点に広げた。稼頭央の出来を考えれば、セーフティーリードといえる点差である。

大島高校は6回裏にも前山の3安打目となるタイムリーが飛び出すなど、2点を追加。稼頭央は7イニングを投げ13奪三振を荒稼ぎしたうえで、5安打無失点。この時点で7回コールドが成立した。

この試合、稼頭央が投じた球数は１０５球。鹿児島実業の赤嵜が投じた１７９球と比べると、あまりに対照的だった。さらに1人乗り遅れていた前山が3安打2打点と大暴れする好材料もあった。

だが、試合後にダッグアウト裏に現れた塗木の表情は晴れなかった。

「国分中央さんも何人か選手がいなかったので、残念だったのでは。お互いに万全な状態だったら、1点を争うゲームになったと思います」

実は国分中央の主力選手数名が体調不良のため、ベンチ入りメンバーから外れていた。いわば「飛車角落ち」の相手に勝利した気まずさが拭えなかった。

全国を見渡してみれば、新型コロナウイルスの影響で出場辞退を余儀なくされるチームも頻出していた。大島高校にとっても他人事ではなく、たとえ決勝戦に進めたとしても心からは喜べなかったのだ。

だが、この日に大活躍した前山について話題が及ぶと、ようやく塗木の表情に柔らかさが戻った。

「前山は落ち込んでいましたけど、ずっとバットを振り続けていた子なんです。練習に早く来なければいけない時、最初に来るのが前山で、チームのみんなもそれを見てきました。私はスタメンを替えようという思いはなかったし、スタッフやキャプテンにも聞いて全員一致で前山を使いました」

最後に鹿児島実業と決勝戦を戦うことになった感想を問われた塗木は、神妙な表情でこう答えている。

「実業さんには新チームで最初に練習試合をさせてもらっていますし、雨の日に室内練習場で使うティーボールをお借りしたこともありました。この8年間、いろいろと教わってきた恩を感じていますし、目の前に立ちはだかる強敵だとも感じています」

そして、塗木はふっと笑ってこう続けるのだった。

「でも、選手にとっては楽しみなんじゃないですか。素晴らしい決勝戦になるんじゃないかという予感がします」

エンジョイvs五厘刈り

7月24日、平和リース球場の周りには試合開始前から大勢の観衆が集まっていた。鹿児島県を代表する伝統校であり、高校野球ファンから根強い人気を集める鹿児島実業。そして離島の高校ながら春のセンバツに出場し、プロ注目投手を擁する大島高校。バックグラウンドは対照的ながら、話題性抜群の好カードに多くの人々が惹きつけられ、球場に熱気を運んでいた。

稼頭央・心太朗バッテリーが鹿児島実業のスカウトを断り、大島高校に進学した因縁もある。といっても、両サイドにとってわだかまりがあったわけではない。心太朗は言う。

「2年生の時は実業を意識していて、『負けられない』と思っていました。でも、自分たちの代になって『今は大島にいるんだから、実業を意識しても意味がないし、いいことなんかない』と考えが変わりました。今は特別視することはなくなりました」

一方、バッテリーに振られる形になった宮下にも、遺恨はなかった。

「高校野球は地元のおじいちゃん、おばあちゃんに応援されるスポーツだし、結果的に2人とも島に残って甲子園に出られたのだからよかった。それに大島の子はよくウチのグラウンドに来ていたし、親近感があるんです。稼頭央なんて『ウチの生徒だよ』と言いたくなりますよ。稼頭央を見かけたら『この野郎、今から転校してもいいんだぞ?』と声をかけるんですけど、『大丈夫です』ってかわされるんですよね」

外野の芝生エリアでは、稼頭央と心太朗が遠投をしていた。彼らにとっては、高校野球で最後のキャッチボールになるかもしれない。稼頭央の傍らでは、ユニホームを着た外部コーチの奥裕史がじっとバッテリーを見守っていた。

ベンチには監督の塗木と部長の小林誠矢が入るため、試合が始まればコーチの奥はスタンドで戦況を見守るしかない。それでも、奥は平日夜の「奥トレ」を通して選手たちにすべての思いを託していた。

「6月頭からトレーニングを週4日に増やして、暑さ対策をしてきました。工場のシャッターを閉め切り、扇風機を止めた状態で長袖長ズボンを着てトレーニングをしたんです。夏の暑さにもバテない稼頭央を見て、成果が出ているなと感じましたね」

試合前のメンバー表交換を終えた武田がベンチに戻り、後攻になったと大島高校の選手たちに伝える。その情報を伝え聞いた稼頭央は、両手を挙げてガッツポーズをつくった。

「ずっと後攻で勝ってきていたので、後攻のほうが投げやすかったんです」

大島高校にとって、後攻は縁起がよかった。前年秋の鹿児島県大会は6試合中5試合が後攻で、うち4試合がサヨナラ勝ち。九州大会は大分舞鶴との再試合を含め、5試合すべてが後攻だった。春のセンバツは先攻で大敗したものの、今夏の鹿児島大会は2回戦以降の5試合がすべて後攻。大島高校は試合前から必勝ムードを感じ取っていた。

一方、鹿児島実業は決勝戦に合わせて選手全員が五厘刈りに変身していた。

きっかけは捕手の濵﨑だった。試合を直前に控えて赤嵜、駒壽ら選手たちが寮の一室で大島高校の試合映像を分析していると、濵﨑が入室してきた。その頭はツルツルに輝いていた。

大苦戦した準決勝の試合後、選手たちは宮下から「情けねえな」「これで甲子園に行くのか?」と厳しい説教を受けていた。攻守に精彩を欠いた濵﨑は、バリカンのアタッチメントを外して自発的に頭を丸めたのだ。濵﨑はその決意に至るまでの心情を語った。

「正直言って、夏休みを控えて髪を伸ばしたい気持ちもあったんです。でも、髪を伸ばすということは、保険をかけてることになるじゃないかと気づいてしまって。監督さんに『お前ら、気合を入れてけ』と言われて、姿から変えようと思いました」

駒壽は「何してんだ、こいつ」とあきれたが、一方で串木野ドリームズからの仲間として「キャプテンもやるしかないよな」という感情が湧いた。鹿児島実業は１人、また１人と五厘刈りをする部員が増えていった。その波はベンチ外のメンバーにも及んだ。

　そんな同調圧力に最後まで抗《あらが》ったのは赤嵜だった。

「自分はやりたくなかったんですよ。濵﨑は気合が入るといつも剃《そ》るタイプなんですけど、自分はそのノリに乗れなくて。ギリギリまで剃らない方向で粘ったんですけど」

　時代は令和である。「部員全員が五厘刈りで気合を入れた」と報じられても、今どき美談にもならない。赤嵜の抵抗感こそ一般的な感覚であり、「前時代的」と批判されても仕方ないだろう。

　世間的にそんな考えがあることを理解したうえで、駒壽は「こんなバカなことをやれる仲間がいるのはいいよな」と感慨を覚えていた。

「１年生から３年生まで部員全員が剃ったので変な目で見られることもありましたけど、周りがなんと言おうと自分たちはケータイを持ってないので情報が入ってこないから批判の声も耳に届かないんです。変なプレッシャーを感じることなく、最後の最後にチーム全体に一体感が生まれたような気がします」

　それぞれの思いを乗せて、決勝戦が始まろうとしていた。

第10章

ゲームセット

助け合う奄美バッテリー

大島高校・大野稼頭央、鹿児島実業・赤嵜智哉。両左腕エースの先発起用が告げられ、三塁側の大島高校スタンドからは「ピィ、ピィ」と指笛が鳴った。奄美大島で指笛のことは「ハト」と呼ばれている。

近隣施設に無断駐車した自動車を移動するよう、ひっきりなしに場内アナウンスがかかり、電光掲示板には「苦情が殺到しています」と表示された。入場券売場には長蛇の列ができ、10時５分の試合開始に間に合わない観客が続出した。

稼頭央が１１３キロの縦のスライダーを投じ、決勝戦の幕は切って落とされた。

鹿児島実業は１番打者の藤田和真が二塁ゴロに打ち取られたものの、２番の一ノ瀬《いちのせ》獅童《しどう》が稼頭央のカーブをとらえ、レフト前ヒットで出塁する。ここで一ノ瀬はスタートを切り、いきなり大島高校バッテリーを揺さぶる。

しかし、もはやかつての頼りない西田心太朗はどこにもいなかった。「自信を持って投げた」という心太朗の好送球によって、一ノ瀬の盗塁は失敗に終わる。鹿児島実業ベンチの宮下正一は、心太朗の成長を感じ取っていた。

「秋の時点で西田の送球がおかしくなったことは知っていました。とくにランナーが三塁まで進むと、プレッシャーで返球がおかしくなる。なので、ランナー一、三塁の状況をつくったら一塁ランナーを走らせようと考えていました。三塁ランナーには『送球が逸れるから狙っていけ』という指示も出していました。でも、夏になって送球の危うさがなくなっていましたね」

心太朗がピンチの芽を摘み取り、大島高校は幸先よく立ち上がりを無失点に抑える。一方、鹿児島実業の先発マウンドに立った赤嵜は、準決勝とは打って変わって快投を見せた。1回裏は有馬航大を遊撃ゴロに抑えると、稼頭央、武田涼雅と2者連続三振で三者凡退。伝家の宝刀であるスライダーが冴え渡り、大島高校打線にフルスイングをさせなかった。

「稼頭央にだけは負けたくない。大島高校に春夏連続で甲子園に行かせるわけにはいかない。去年に決勝で負けた悔しさもありましたし、なんとしても勝ちたい思いが強かったです」

最初にチャンスをつくったのは、鹿児島実業だった。3回表に先頭打者の田中大翔《ひろと》が四球で出塁すると、続く藤田が送りバントを試みる。ところが、捕手前に転がったゴロを心太朗が二塁に送球しようとした際、「手汗で滑ってしまった」と悪送球になる。無死一、二塁で打順は2番の一ノ瀬と、鹿児島実業にとっては願ってもないチャンスだ。

だが、今度は稼頭央が心太朗を救う番だった。送りバントを試みた一ノ瀬に対して快速球で詰まらせてフライアウトに仕留めると、3番・植《うえ》戸《と》颯《そう》大《た》、4番・永井琳《りん》と続く中軸をストレートで２者連続三振。永井に対するウイニングショットは、高めのボールゾーンに突き上げる１４３キロのストレートだった。ボールを捕球した心太朗は、右手を振り上げて稼頭央の投球を称える。バッテリーが支え合い、大島高校は序盤のピンチを脱した。

監督の帽子を運ぶ伝令

立ち上がりから赤嵜の前に封じられた大島高校だったが、ベンチの雰囲気は明るかった。塗木哲哉の声色を真似て「テンション、テンション、ハイテンション！」と叫ぶ者もおり、決勝戦という大舞台でもエンジョイング・ベースボールを実践していた。

ベンチではお決まりのパフォーマンスがあった。ダッグアウト最前列に控え部員が並ぶと、右端の部員が右拳を左側に向けて振り上げる。拳を向けられた左隣の部員がさらに左側に向けて右拳を振り上げ、リレーのように拳をつないでいく。左端の部員まで拳が届くと、今度は左拳を右側に振り上げ、右端まで戻していく。

「実業じゃ絶対にできないですよね、こんなこと」

そう言って苦笑いを浮かべるのは、控え内野手の上原賢寿郎だ。春のセンバツで球場の雰囲気に飲まれた反省を生かし、どんなに球場が大観衆に埋め尽くされようといつもの島でのノリを貫こうと決めていた。

「ベンチはいつもと変わらずバカなことができて、楽しかったですね。相手チームを絶対にあおらないことだけは決めて、あとはずっとワチャワチャしてました」

奄美大島の人々は調和を尊ぶ。上原はまさにそんな島の気質を体現するような部員だった。チーム内でいくらレギュラー争いが活発になっても、「僕はそこまで燃えるタイプじゃないんで」とマイペースを貫いた。チームの仲間にライバル心を抱いたことはなく、「その場の雰囲気で盛り上がればいい」と刹那的な快楽に逃げてきた。春の九州大会後に選手間で本音を語り合うミーティングが開かれても上原はまともに発言せず、稼頭央を叱責した前山に「お前、よく言ったなぁ。すげぇな」と呑気に称えている。

そんな楽天的でお調子者の上原には、重要な任務があった。守備中のピンチの場面で塗木からのメッセージを選手たちに伝える、伝令という任務だ。

「せっかく伝令に行くなら、面白いことをしよう」

そう考えた上原は、準々決勝の出水中央戦からある行動を思いつく。チームメートの帽子を借り、つばの裏に書かれた文言を読み上げるのだ。大島高校の野球部員の多くは、帽子のつばの裏にお気に入りの四字熟語やことわざをマジックペンで書き記していた。それらを読み上げることで、上原は野手陣に余計な力みから解放されてほしいと願っていた。次第に選手たちは「次は誰の帽子を持ってくるんだ？」と楽しみにするようになった。

そして決勝の舞台で、上原は思い切った行動に出る。5回表、一死から一、二塁のピンチを迎えると、塗木が上原を呼んだ。この日、初めての伝令である。ひとしきり指示を受けた上原は、塗木にこう告げた。

「監督さんの帽子を貸してください」

塗木は驚いた表情で、「本当に持ってくの？」と尋ねた。実は試合前日、上原は塗木に「明日は先生の帽子を持っていっていいですか？」と聞いていたのだ。

塗木はニッコリと笑って、被《かぶ》っていた帽子を上原の頭に乗せた。身長１８４センチの巨漢である塗木の帽子はサイズが大きく、身長１６１センチと一際小さい上原にはブカブカだった。上原はニヤッと笑い、マウンドに向かって走り出した。

マウンドに集まったバッテリーと内野陣は、上原がやってきたことに気づいた。その表情は誰もが期待感にあふれている。おもむろに上原が大きな帽子を取ると、つばの裏にはこうしたためられていた。

「啐啄同時」

グラブで口元を隠した選手たちは、互いに目を見合わせ「ええっ！」と声をあげた。誰もが塗木の帽子ということに気がついていた。稼頭央は緊迫した場面ということを忘れ、「まさか塗木先生の帽子を持ってくるなんて」と上原の大胆な行動に感心していた。

ここから選手と上原の間で問答が繰り広げられた。

「なんて読むか知ってる？」

「そったくどうじ」

「どういう意味？」

「わからん」

　輪のなかでドッと笑いが起きた。もちろん、ミーティングで塗木から啐啄同時について聞かされてきた上原が、意味を知らないはずがない。上原のとぼけた雰囲気も手伝って、硬くなりかけた選手たちの体は一気にほぐれた。

　選手たちがマウンド付近から三塁側ベンチに視線を送ると、そこには上原の小さな帽子をちょこんと頭上に乗せて仁王立ちする塗木の姿があった。

　つかの間のブレイクを経て、稼頭央は後続と慎重に向き合っていく。一ノ瀬を投手ゴロ、植木に四球を与え、二死満塁で４番・永井を迎えた。

　永井は身長１７３センチ、体重85キロとガッチリした体格の左打者。鹿児島実業でもっとも長打力が期待できる主砲である。ここまで２打席でノーヒットに抑えていたが、心太朗は永井に対して「変化球に合っている」と感じていた。

　初球からストレートを３球続け、カウント２ボール１ストライク。ここでマウンドの稼頭央は、心太朗からのサインに２回首を振っている。実は、これは「首を振れ」というダミーのサインだった。なぜそんなサインをつくったかを稼頭央が説明する。

「僕があまりにも首を振らないので、配球のパターンを研究されて読まれるから、相手を惑わせるために首を振るサインをつくったんです」

　稼頭央が投じたボールは、ストレート。１３７キロのストレートがファウルチップとなり、永井を２ストライクと追い込んだ。

　ここで心太朗は、再び「首を振れ」のサインを出している。念には念を入れ、永井に考えさせておきたかった。稼頭央に首を振らせた後、出すサインはもちろん決まっていた。

　稼頭央がうなずき、セットポジションからダイナミックに左腕を振り下ろす。１４０キロのストレートは高めのボールゾーンへと伸びていき、永井のバットは空を切った。

　中盤のヤマ場をしのぎ、稼頭央は跳ねるように三塁側ベンチへと駆け戻った。

伝わらなかったメッセージ

　再三のピンチをしのいだ大島高校だったが、なかなか試合の流れを呼び込めなかった。鹿児島実業の赤嵜が５回まで１安打１四球しか許さず、７奪三振とほぼ完璧な投球を見せていたからだ。

　唯一のヒットを打っていたのは、６番の前山である。準決勝で得た好感触をキープし、赤嵜のボールにも順応できていた。

「２年の春に対戦した時はスライダーがまったく見えなくて、足元に落ちてくるワンバウンドを振っていたんです。でも、この時は全然見えてました。これなら打てるなって」

5回を終えた段階で0対0。グラウンド整備を挟んで6回表が始まると同時に、平和リース球場の外野席が開放された。自身10回目となる鹿児島大会決勝戦の采配となった宮下にしても、「初めて見る光景」だった。

6回表、先頭打者として打席に入ったのは5番の濵崎綜馬である。それまでの2打席とも内野ゴロに倒れていた濵崎は、稼頭央のボールに手を焼いていた。

「あんな華奢《きやしや》な体なのに、バネのあるフォームからボールが高めに伸びてくる。コースにもビタビタ決まるし、こんなピッチャーはなかなかいないよな」

初球から右打者のインコースをえぐる稼頭央のボールをとらえるのは困難だった。濵崎はこの打席でもインコースを詰まらされ、サード方向へゴロを打たされた。

「うわ、負けた」

濵崎がそう思った矢先、意外なことが起きた。三塁手の前山がこの打球をトンネルし、レフト方向へ転がっていったのだ。

「うわ、やらかした……」

前山は顔をしかめた。この夏は守備面で引いてしまう自分に気づかされた。

「秋は『負けても次を抑えればいい』とミスを恐れずにやっていましたけど、夏は『負ければ引退』とミスを怖がってしまいました」

だが、続く駒壽太陽の投手正面への送りバントに対し、稼頭央が抜群のフィールディングで二塁へ送球。濵﨑をフォースアウトにして、一死一塁とランナーが入れ替わった。味方にミスが出た直後に本領を発揮する、稼頭央らしいプレーだった。

鹿児島実業にとっては不穏なムードのなか、打席に入ったのは７番の赤嵜だ。心太朗は打撃のいい赤嵜をとくに警戒していた。

「赤嵜はピッチングで乗っているし、なんとか抑えて試合の流れを持ってこよう」

稼頭央が投じた１１７キロのスライダーに対して、赤嵜は無様な空振りを見せる。完全にタイミングが合っていなかった。続いて１３７キロのストレートを外角に突き刺し、バッテリーは早くも２ストライクと追い込んだ。

決め球は縦のスライダー。タイミングの合っていない赤嵜から三振を奪い、あわよくば試合の流れを呼び込む狙いがあった。

ところが、稼頭央が投じた１１１キロの縦のスライダーを赤嵜はしっかり呼び込んでレフト前へ流し打つ。赤嵜の完璧な読み勝ちだった。

「あれだけタイミングが合ってなかったら、もう１球スライダーが来るだろうと狙っていました」

赤嵜には確信があった。稼頭央に強烈な対抗意識を燃やし、これまでの投球パターンを徹底的に研究し尽くしていたからだ。

「大野はもともと２ストライクからストレートで三振を取るピッチャーだったんですけど、夏の前くらいから２ストライクからスライダーで三振を取るようになっていたんです」

捕手の心太朗は「これは痛い」と悔やんだ一方、マウンド上の稼頭央は平然としていた。

「さすが赤嵜だなぁ。やっぱりうまいなと。赤嵜なら対応してくるだろうと思いましたし、しょうがないと切り替えていましたね」

一死一、二塁とピンチは広がり、８番の筏《いかだ》伸《しん》之《の》助《すけ》が左打席に入る。身長１６８センチの小兵が放った打球はショート右へのゴロになった。

遊撃の武田が「捕れる」と思った次の瞬間、二塁走者の駒壽が視界に被った。駒壽が通り過ぎて再び白球が見えた時には、想定以上に体の近くにあった。

武田の体に当たったボールは、二塁ベース後方へと転々とする。駒壽が三塁ベースを蹴り、一気に本塁を駆け抜けた。鹿児島実業に待望の先制点がもたらされた。

記録は内野安打。止めるのも難しいバウンドだったとはいえ、武田は「せめて弾み方を小さくしていれば」と唇を噛みしめた。

ここで大島高校ベンチは再び上原を伝令に送る。先制を許したとはいえ、試合はまだ中盤。一死一、二塁のピンチをしのいで最少失点に抑えれば、勝機はあるのだ。

マウンドの輪から抜けて三塁側ベンチに戻った上原は、「やべ、やらかした」とあることに気づいた。次の伝令で自分の帽子のつば裏を見せようと考えていたのだが、あまりに緊迫した場面にすっかり忘れていたのだ。上原の帽子のつば裏には、こう書かれていた。

「一心伝心」

書いたのは外部コーチの奥である。

「東日本大震災の後、COMPLEX（吉川晃司と布袋寅泰によるユニット）が復活した時に『日本を一つにする』というコンセプトで『日本一心』というキャッチフレーズが使われたんです。賢寿郎は伝令でチームの危機を何度も救ってきましたし、決勝戦でもみんなの心を一つにし、ベンチで見守る選手らの思いを彼の言葉で伝えてほしいと思いました。20人全員で戦う絆《きずな》を表現するために、『一心伝心』という言葉を書きました」

だが、結果的に奥のメッセージは選手たちに届かなかった。上原は胸に引っかかりを覚えつつも、仲間たちを信じることしかできなかった。

続く9番・田中の放った打球は、三塁・前山の左を抜けていく。二塁走者の赤嵜が本塁に生還し、鹿児島実業に2点目が刻まれた。

下位打線が挙げた2得点に、宮下は「稼頭央対策の成果が出た」とほくそ笑んでいた。

「対戦する前に、鹿商（鹿児島商業）とやった試合の映像を見せたんです。僕には鹿商の打線がオーバースイングに見えたので、『これでは打てないよ』と伝えました」

コンパクトなスイングで対応する鹿児島実業打線は、7回表にも一死二塁とチャンスをつかむ。ここで稼頭央の速球に散々詰まらされていた5番・濵﨑が、甘いカーブをとらえてレフト前へ運ぶタイムリーを放つ。

６回まで被安打２、二塁すら踏ませない赤嵜の出来を考えれば、大島高校にとっては絶望的ともいえる３点目だった。

アクシデント

水面下の白鳥のように、赤嵜は人知れずもがいていた。

誰がどう見ても完璧な投球に、徐々に綻びが見え始めていた。実は５回の段階で左手中指にできていたマメが潰れていたのだ。

最初にマメができたのは、準決勝の試合中盤だった。中指の腹の部分がぷくっとふくれ、スライダーが投げにくくなっていた。このマメは赤嵜が準決勝で苦しんだ一因になった。

試合後、赤嵜は右手にライターを握って火をおこし、左手中指の先をあぶった。火で熱することで、マメが固まり破れにくくなる。臨時コーチを務める鹿島忠から教わった民間療法である。鹿島は元中日の投手で、プロ通算４０５試合に登板。引退後は中日、楽天でコーチを歴任している。

大島高校戦では１イニングを投げ終えるたびに、ベンチ裏で中指をあぶっていた。だが、５回の時点でとうとうマメが破れ、血が出てきた。

異変が形となって表れたのは、7回裏だった。先頭の心太朗に四球を与えると、二死一塁から捕手の濵﨑が腕を伸ばしても捕れないような大暴投を投げてしまう。スライダーを投げるたびに、中指がうずいてうまくコントロールできなかったのだ。

7番・竹山陸斗の代打で起用された2年生の関凜太朗にも四球を与え、さらに8番・美島永宝の打席ではスライダーが引っかかり過ぎる暴投。二死二、三塁とピンチが広がった。大島高校はここで二塁走者を白畑勝喜郎に替え、鹿児島実業にプレッシャーをかける。だが、ラッキーボーイの美島はこの日、赤嵜の変化球にタイミングがまったく合っていなかった。赤嵜がなんとか制球した124キロのスライダーに美島のバットが空を切り、大島高校はチャンスを生かせなかった。

一塁ベンチに戻った赤嵜はふうっと一息つき、覚悟を決めた。

「スライダーがコントロールできないのは痛いけど、しょうがない。こうなったら、ストレートでゴリ押ししていくしかないな」

フルスロットルのエース

「蓮、バット振っとけよ」

塗木から最初に声をかけられたのは、5回が終わった段階だった。

ベンチ裏のスイングスペースで、青木蓮はひっそりと素振りをしながら出番に備えた。準々決勝の出水中央戦で結果を残し、いい感触は残っていた。バットを振っては、戦況を確かめにベンチに戻る。そうして準備を続けていた。

だが、待てど暮らせど青木の出番は訪れなかった。自分より後に準備を命じられた関や田邊瑛吉が先に代打で起用されていく。

「もしかして、自分の出番はないのかな？」

そう思いかけた時、塗木は青木の目を真っすぐに見つめてこう告げた。

「きっと場面が来るから、待っとけよ！」

青木は塗木の言葉を信じた。「野球のことに関しては、塗木先生の言ってることは１００パーセント正しいから」という絶対的な信頼感があった。

ただし、「野球のことに関しては」と条件がつくのは理由がある。青木はこう告白する。

「自分は……、あんまり塗木先生のことが好きじゃなかったんです」

選手も監督も人間である以上、行き違いや価値観の相違は生まれる。選手間の競争を促すために塗木がかける「次はベンチに入れないからな」といった発破が、青木には「嫌味に聞こえるな」と感じられた。野球の戦術論、技術論では兜《かぶと》を脱いでも、こと人としては意地でも受け入れたくない部分がある。青木に限らず、高校生の年代なら誰にも身に覚えのある感情だろう。

塗木にしても、「選手から好かれようと思っていません」と割り切っている。それは指導者としての矜持《きょうじ》と言い換えてもいいかもしれない。

「あえて選手からしたらきついだろうな、ということも言います。たとえば、『優勝する気がないなら、下級生主体のメンバーに切り替えようか？』とか。なぜそういうことを言うかというと、人間は『こうなりたい』という感情より『こうなりたくない』という感情のほうが強いから。選手間で『あんな言い方ないよね』と監督の悪口で盛り上がるのも問題ないです。そのほうがチームはまとまりますから。生徒が僕のことを嫌っても、僕が生徒のことを嫌うことはありません。だから選手にイヤなことを言っても、すぐにその子に声をかけますよ」

決勝戦で出番を待つ青木は、複雑な感情にフタをしてバットを振り続けた。

「きっと場面は来るから」

その塗木の言葉を反芻《はんすう》するしかなかった。

8回裏の攻撃も0点に終わり、稼頭央は内心「これが最後になるかもしれないな」と思いながらマウンドを踏みしめた。

もちろん、勝利を諦めたわけではない。ただし、0対3というスコアは重くのしかかっていた。稼頭央はネガティブな感情を押し殺し、こう心に決めた。

「悔いを残さないよう、全力を出し切ろう。いい形でアウトが取れれば、チームは乗っていけるかもしれない」

打順は１番の藤田からだったが、稼頭央はスライダーで簡単に投手ゴロを打たせる。ここからはエンジンフルスロットルだった。２番の一ノ瀬を１４２キロの快速球で空振り三振に抑えると、途中から３番の打順に入っていた浅井《あさい》悠杏《ゆあん》にはこの日最速タイの１４４キロで２者連続の空振り三振。

稼頭央は「自分らしく空振り三振が取れた」と満足そうに、三塁側ベンチに戻った。すると、ベンチ前では三塁ベースコーチの嶺塁守が涙を流しながら迎えてくれた。

「なんでもう泣いてるんだよ」

涙もろい嶺に苦笑しつつ、稼頭央は９イニングを全うした。

９回裏、大島高校の最後の攻撃は３番・武田からの好打順である。

天国と地獄

その打球が転がった瞬間、宮下には悪い予感がした。

「藤田の足が止まってる。これはやるかもしれない」

先頭の武田が放ったのは、平凡な二塁ゴロ。赤嵜のストレートに詰まらされ、完全に打ち取られた打球だった。

ところが、二塁手の藤田の足取りがぎこちない。荒れたグラウンドコンディションも手伝って、藤田はバウンドを合わせられず、弾いてしまう。武田が一塁ベースを駆け抜けると、球場全体から大きなどよめきが起きた。

打席に向かう心太朗には、「何か起きるだろうな」という予感があった。3点のビハインドを追っていても、難攻不落の赤嵜と対峙しても、不思議と負ける気はしなかった。

ここまで3打席に立って、投手ゴロ、四球、四球。「1打席目以外は配球が全部当たっていた」と、赤嵜のボールは見切っていた。3回戦の鹿児島商業戦にダメ押し二塁打を放った時と同じように、バッテリーの配球が手に取るようにわかった。

「直感を信じよう」

心太朗はそう念じて打席で構えた。

ストライクからボールになるスライダーは見切っている。バッテリーとしては、四球を与えてランナーを増やしたくない心理があるはず。となると、初球の入りは決まっている。

「外のストレート一本で待とう」

そう心に決めた心太朗に対し、赤嵜には赤嵜の事情があった。中指が痛み、もはやスライダーを投げられなくなっていたのだ。

赤嵜が投じた外角へのストレートに、心太朗が反応する。

「今まで生きてきたなかで一番いい打球、というくらい完璧にとらえられました」

　バットの真芯でとらえた打球は、凄まじいスピードでマウンドの赤嵜の顔面へと向かっていく。その刹那、ベンチにいた稼頭央は「赤嵜が死ぬ」と思ったという。

「頭に当たったら本気で死ぬ。それくらい速い打球でした」

　だが、淡い希望は瞬時に消し飛んだ。赤嵜が驚異的な反応でライナーを右手のグラブに収めたのだ。赤嵜には、この打球が見えていた。

「反射神経はいいほうなので、自分のなかではビックリすることもなく普通に捕れました。周りからは『グラブに入った』と言われるんですけど、自分では『捕った』感覚です」

　ダイレクト捕球した赤嵜は、落ち着いた様子で一塁にボールを転送する。飛び出していた一塁走者の武田が戻り切れず、ダブルプレーになった。

　大島高校のチャンスは一瞬にして潰《つい》え、鹿児島実業の甲子園はあとアウト一つに近づいた。

打席に向かう背番号18

　涙をこらえ切れず、うなだれてベンチに戻った心太朗に塗木は叫んだ。

「泣くな、まだ終わってないだろ！　いいプレーの後には、いろんなことが起きるから！」

3点差で9回二死走者なし。絶体絶命なのは間違いない。それでも、塗木にはこの試合がこのまま終わるとはどうしても思えなかった。

5番の中に打順が回ってくる。3打席目にバットの芯でとらえたレフトライナーこそあったものの、ここまでノーヒット。さらに目の前で起きた心太朗の併殺打に、心の整理が追いつかなかった。

「(武田)涼雅が塁に出てくれて、『ゲッツーさえなければ自分で終わることはないな』と思った瞬間に心太朗がゲッツーになって。急に焦りが出てきて、自分の表情がこわばっていくのがわかりました」

平常心ではいられない中が投げ出すように外角球を引っかけると、打球は力なく二塁手前に転がった。中は「あ、終わった」と敗北感に打ちひしがれながら、一塁に向かった。

しかし、中は次第に違和感を覚え始める。ここでも二塁手の藤田の動きが重いのだ。その足取りと矛盾するように、顔つきは「早くアウトにしたい」と焦っているように見えた。中が「エラーしそうだな」と思った次の瞬間、藤田はまたもやゴロを弾いてしまう。目と鼻の先に迫った甲子園のプレッシャーは、名門・鹿児島実業をも苦しめた。

中が九死に一生を得て、二死一塁となった。打順が回ってきたのは、途中から前山に替わって三塁に入っていた2年生の体岡大地である。

「このチームで少しでも長くやりたい。そのためには、とにかく後ろにつなぐしかない」

打席に入る前、塗木から体岡に指示が出た。

「ファーストストライクを打つか、ツーストライクに追い込まれてから打て」

塗木の詳しい意図はわからなかったが、体岡は直感的に「ツーストライクからだと気持ちが引いて、いい結果が出ないと思った」とファーストストライクを振ることを決めた。

カウント1ボールからの2球目、真ん中にストレートが入ってきた。体岡が振り抜いた打球はやや詰まりながらも、センター前で弾んだ。「喜界の根尾」の異名を持つ体岡らしい、シュアなバッティングだった。

二死一、二塁。打順は代走から左翼に入っていた白畑に回ったが、ネクストバッターズサークルでは背番号18がスタンバイしていた。青木は「やっぱり、自分はこういう場面で回ってくる運命なんだな」とひとりごちた。

塗木には「蓮なら打つだろう」という確信めいたものがあった。

「逆転をかけるところまで、蓮を取っておきました。7回の関を使った場面（二死一塁）でどうかと思いましたけど、大会の流れを見ていて『ここじゃないな』と。蓮の状態がずっとよかったし、終盤になるにつれて赤嵜のボールがちょうどいい高さに入ってきていたので『使うなら右バッターの蓮だ』と考えていました」

青木が上段にバットを構え、赤嵜をにらみつける。青木は自分の世界に入り込んでいた。

初球のインコース高めへのストレートを悠然と見送り、1ストライク。そして2球目に赤嵜が投げたスライダーは、またもやすっぽ抜けてしまう。投げた瞬間に暴投とわかるボールはバックネットまで届き、中と体岡がそれぞれ進塁。大島高校のチャンスが広がり、三塁側スタンドでは応援曲『サンライズ』に合わせてボルテージが高まっていった。

もはや赤嵜の中指は言うことを聞かなくなっていた。

「ストレートで押すしかない」

打者にも読まれているのは間違いない。それでも、ボールの勢いで乗り切るしかない。赤嵜は腹を決めてセットポジションに入った。

カウント１ボール１ストライクからの３球目。青木が左足をスッと軸足側へと引き、赤嵜に向かって力強く踏み出す。真ん中寄りに入ってきたストレートを強振した。

「迷いなく振り抜けた」

打球は三塁手の田中が高く伸ばしたグラブの上を抜けていった。

レフト左の芝生にボールが転々とする。三塁から中が、二塁から体岡が次々に本塁に還ってくる。前年春から赤嵜と対戦すること３度。あれほど強固だった赤嵜から、大島高校が初めて奪った得点だった。

左翼の駒壽の捕球体勢を見て、打者走者の青木は「行ける」と二塁へ向かう。微妙なタイミングだったが、中継プレーがややもたつき青木のスライディングが間に合った。二塁ベースに立った青木は力強く右拳を天に突き上げ、本能のままに吠えた。

三塁側ベンチでは、選手全員が総立ちで青木に向かって拳を振り上げた。稼頭央は笑顔で絶叫し、青木を称えた。三塁コーチスボックスでは、嶺がまたもや涙を流していた。

球場の盛り上がりは最高潮に達した。三塁側スタンドは誰もが叫び声をあげ、指笛が鳴り響いた。甲子園でアルプススタンドのため息を誘った青木は、平和リース球場で誰よりも大きな歓声を浴びていた。

ゲームセット

一塁側ベンチの宮下は異常なまでに盛り上がるスタンドの喧騒をよそに、動じることはなかった。もちろん、スムーズに勝てるに越したことはない。それでも、宮下は選手を信じていた。

「負ける気はまったくしませんでした。選手の様子を見て、追いつかれても絶対に勝てる確信がありました。私は今回で10回目の夏の決勝戦なんですが、勝てる時というのは雰囲気でわかるものなんです」

マウンド上の赤嶺も同じような心境だった。「まだ1点差ある」と自分に言い聞かせた。

「焦らず、1球1球投げていけばいい」

二塁走者の青木は大仕事をやってのけた達成感に浸りながらも、あくまで冷静だった。

「甲子園に行くチームなら、ここで打って当たり前だ。それより、あと1点取って追いつかないと」

つい感情的になって涙を流した嶺も、決して自分の仕事を忘れてはいなかった。状況を整理し、あることを心に決めていた。

「レフトに飛んだら回そう。レフトの駒壽くんはスローイングに難があるから、緊迫した場面ではいいボールがいかないはず。永宝はプルヒッターだから、飛ぶ可能性は高いはずだ」

二死二塁で打席に向かったのは、8番の美島である。今大会で数々の功績を残したラッキーボーイだ。出水中央戦で痛めた左足はテーピングでガチガチに固めていた。

美島に対して、赤嵜はスライダーを続ける。手負いの赤嵜だったが、美島には「スライダーが合ってない」と確信があった。

一方、美島も「このスライダーをどうやって打てばいいんだ?」と悩みあぐねていた。

ここまで3打席に立って、2三振。ストレートはわずか1球しか来なかった。

だが、赤嵜もスライダーを思うようにコントロールできない。カウントは2ボール1ストライクと打者有利カウントになった。

ここで突如、三塁側ベンチの塗木が「(美島)永宝!　永宝!」と叫んだ。

傍らにいた控え選手の白畑と山下侍真がその声に気づき、「永宝〜!」と大声で追随した。だが、その声は場内の大歓声に紛れ、打席内で集中する美島には届かない。

なおも美島を呼ぼうとする白畑と山下に、塗木は「もういいよ」と制した。伝えたいことはあったのだが、この夏に主役級の働きを見せていた美島の集中を邪魔したくない思いも働いた。

「ここは永宝に任せよう」

塗木は黙って戦況を見守ることにした。

赤嵜がセットポジションに入る。捕手の濵崎がアウトコースに構えた。１３６キロのストレートが外角高めに入ってくる。

最後にやっと来たストレート。美島は待ってましたと言わんばかりにバットを出す。だが、そのスイングは赤嵜の球威に若干差し込まれていた。

打球がライトに上がる。大きな悲鳴とともに、その白球は右翼手の淺井のグラブに収まった。その結末を見守った赤嵜が咆哮《ほうこう》をあげるのを合図に、鹿児島実業の選手たちがマウンドへと走り寄った。誰もが人差し指を天に誇示し、喜びに酔いしれた。

大島高校の選手たちは、ホームベース方向へと試合終了の整列に向かった。稼頭央は涙をこらえ切れなかった。

鹿児島実業の選手たちも一列に並び、球審が「ゲームセット」を告げる。背番号1をつけた稼頭央と赤嵜はどちらからともなく歩み寄り、ガッチリと抱き合った。

第１０４回全国高校野球選手権大会の出場をかけた鹿児島大会の優勝校は、４年ぶり20回目の甲子園出場となる鹿児島実業に決まった。

ラストミーティング

応援スタンドに向かって礼をした後、大島高校の選手たちはその場でうずくまり、泣きじゃくった。

稼頭央は両手をヒザについて顔を上げられない。そこへ、やはり涙を流した心太朗がやってきた。

「稼頭央、マジでゴメン。マジゴメン、マジゴメン……」

あとはもう、言葉にならなかった。心太朗は併殺になったピッチャーライナーを引きずり続けていた。

三塁ベースコーチの嶺が、泣き腫らした真っ赤な顔で２人に近づく。心太朗の背中をポン、ポンと優しく叩いた。

「みんなとやれて、よかったぁ……」

涙声で漏らす嶺の言葉に心太朗もこらえ切れず、稼頭央と同じように両手をヒザについて下を向いた。

キャプテンの武田は気丈にも前を向き、選手一人ひとりに声をかけていった。

ラストバッターとなり、責任を感じていた美島も涙が止まらなかった。涙を拭いた稼頭央が美島に歩み寄り、こう告げた。

「最後に永宝で終われてよかったよ。ありがとう」

試合終了後にグラウンドで行われた閉会式を終えると、三塁側ベンチ前で塗木が選手たちを集めた。輪になった選手たちに向かって、塗木は晴れやかな表情で語り始めた。

「ナイスゲーム！　泣く必要なんかない。みんながやってきたことは素晴らしいことだ。『甲子園なんて無理だ』『島から決勝なんて無理だ』『島の子が粘り強い野球なんてできない』と人から勝手に決めつけられても、みんなは『やればできる』と可能性を信じてきたよな。野球を通していろんな人に教えたし、俺も教わった。最後は勝てなかったけど、これも野球だよ。俺はみんなに言いたい。春に初めて甲子園に行かせてもらって、俺だけじゃなく俺の今までの教え子の思いまで連れていってくれてうれしかったし、ありがたかった。今日は勝てなかったけど、次なる世代が達成してくれる日がきっと来る。その時にみんなはスタンドや職場やテレビで、応援してくれたらいい」

そして、塗木は稼頭央に向かってこう続けた。

「稼頭央なんて大変だったよな。プレッシャーのなかでやってきたんだから」

その言葉を受けて、稼頭央は「うっ」とうめきながら嗚咽《おえつ》を漏らした。塗木は続けた。

「でも、それが人としての力になるから。俺が言うんだから、間違いないから」

スタンドからは大勢の観衆が残り、選手たちに激励の声を送り続けた。

「ありがとう、大高！」

「胸を張れ、よくやったぞ！」

「ナイスゲーム！」

大島高校にとって初の夏の甲子園出場の野望は果たせなかった。それでも、多くの観衆の心を動かす戦いを見せたことは、この歓声が如実に物語っていた。

第11章

それぞれの再出発

夏の残り香

10月も半ばに入ろうというのに、奄美大島ではけたたましいセミの鳴き声が響いていた。大島高校の上部グラウンドがある丘の上では、大きな鳥が「キューイ！」と叫びながら飛び回っていた。野球部副部長で博識の植直之は「サシバですね」とつぶやいた。サシバは猛禽《もうきん》類の渡り鳥で、日本では夏鳥として知られている。温暖なこの地には、夏の残り香がそこかしこにあった。

「夏休みに、父と甲子園を見に行ったんです」

そう言ったのは、武田涼雅だった。父の英樹と甲子園球場の外野席で夏の甲子園大会を数試合観戦した。日差しを遮《さえぎ》るものが何もない外野席で直射日光を浴び、武田は「めちゃめちゃ暑かったです」とおどけて笑った。

「悔しいとか、自分たちも出たかったとか、そういう思いはまったくなくて。ただただ楽しかったです」

夏の鹿児島大会で優勝した鹿児島実業は、なんの因果か春のセンバツで大島高校に大勝した明秀学園日立と戦った。鹿児島実業のエース・赤嵜智哉が「大島高校のためにも、鹿児島のチームが2回連続で負けるのは嫌だった」という思いを秘めて戦っていたのを、武田は知らない。試合は接戦になったものの、1対2で鹿児島実業が惜敗した。

サバサバしたように見えて、「後悔はあります」と武田は明かす。脳裏にあるのは、決勝戦の6回表の守備で強いショートゴロを弾きタイムリーヒットにしてしまった場面だ。

「横に弾くのではなくて、前に弾いていれば……。有馬（航大）だったら捕れたのかなとか、考えちゃいますよね」

そんな悔いがある一方で、大島高校で過ごせた3年間についてはこう振り返るのだった。

「島のみんなと野球をやれたことは、後悔は何もないです」

高校卒業後、武田は愛知県にある日本福祉大に進んで野球を続ける予定だ。「まずはプロを目指す」と意気込むが、その一方で体育の教員免許も取るつもりだという。

武田だけでなく、大学で野球を続けるメンバーは時折練習に参加している。

右翼手の直江朝日は、三重県の鈴鹿大に進学して野球を続ける。寮がなく、アパートで一人暮らしになるため「料理ができるかな？」と不安もある。それでも、徳之島から奄美大島にやってきた時に比べれば、それほどストレスはないと直江は言った。

「自分は人見知りだし、甲子園に行くつもりで大島に来たわけじゃないのに、みんなと仲良くなれて、甲子園にも行けて感謝しかありません。これからも仲良くしていきたいです」

次の一歩を踏み出している選手がいる一方で、いまだに夏を引きずっていた者もいる。

三塁手の前山龍之助もその1人だ。

「つい最近まで切り替えられなくて、何をしてもやる気が出ませんでした」

鹿児島実業に先制を許すきっかけになったのが、前山の犯したエラーだった。

「秋の頃のようにミスを恐れずに戦えていれば、勝てた相手だと思っています」

前山は高校卒業後、福岡の日本経済大に進学して野球を続ける。いずれは奄美大島に戻りたいかと尋ねると、前山は首を横に振った。

「もう島は飽きました。自分は都会の人間になりたいですね」

前山がそんな言葉を言っていたと数名のチームメートに聞いてみたが、誰もが「龍之助が一番すぐに戻ってきそう」と口を揃えた。

いつか島に戻ってくる日

高校で本格的な野球競技生活から離れる者もいる。

青木蓮は卒業後、鹿児島の専門学校に通う。ものづくりが好きな青木は、中学時代から「設計の仕事がしたい」と思うようになったという。

高校野球に後悔はないかと尋ねると、青木は「いえ、全然」と否定した。

「写真を見返した時、『ああすればよかったな』と思うことばかりです」

夏の決勝戦で2点タイムリー二塁打を放った直後に浴びた大歓声は、今も青木のなかで鮮明に残っている。

「大島側の応援席が興奮と熱気に包まれて、歓喜が途絶えない感じ。二塁ベースから『お祭りみたいだなぁ』と見ていました」

試合後、父から励ましの言葉を受けて青木は涙が止まらなかった。甲子園での一件を受け、家族にも肩身の狭い思いをさせたはずだった。一気に家族への感謝の思いが芽生えた。

「硬式野球は金がかかるし、野球をさせてくれた親に感謝ですね」

そして、青木は付け加えるようにこう続けた。

「環境をつくってくれて、人間として育ててくれた指導者にも感謝しています」

幼馴染の稼頭央のよき相談役になっていた竹山陸斗は、福岡の専門学校で救命救急士の資格を取り、いずれは消防士になりたいと考えている。

何度も悩みや愚痴を聞いてきた稼頭央や心太朗が脚光を浴び、左翼のポジションを争った青木が夏の大会で輝いた。地味な役回りを嘆くこともなく、竹山は淡々とこう総括した。

「稼頭央と心太朗が主役だとしたら、僕は脇役です。でも、主役を支えていくのも大事な仕事だと思っていました。このチームはそれぞれに役割があって、それを全うしたから強かったんじゃないですか」

泣き虫でいじられキャラだった三塁ベースコーチの嶺塁守は、前山と同じ日本経済大に進学する。野球のプレーは続けないが、学生コーチとして野球部に入部するか悩んでいるという。監督の塗木哲哉や外部コーチの奥裕史から学んだ野球の奥深さを、さらに探求したい思いが出てきた。

「この3年間で野球の見方が変わったし、野球の面白さに気づけました。稼頭央に誘われて入った野球部でしたけど、全力で取り組めてよかった。この3年生18人で最後までやれてよかったです。奄美が自分にとってもう一つの故郷になりました」

嶺と同じく寮で生活した粟飯原雄斗は「社会科の先生になりたい」という夢を秘め、指定校推薦で神戸学院大に進学しようと考えている。中学まで過ごした兵庫県に戻ることになるが、奄美大島への愛着が揺らぐことはない。

「夏休みに尼崎に帰ったんですけど、友達と自転車を漕いでいたら、今まで普通に見えていた川がめちゃくちゃ汚いことに気づきました。奄美の川は自然そのもので、めちゃくちゃきれいですから。あれはやっぱり特別だったんだなと」

いずれ教員免許が取れたら、島に戻ってきたい思いはあるか。そう尋ねると、粟飯原は「それはもちろん思ってるんですけど」と答え、こう続けた。

「逆に都会で奄美のよさを伝えるのもいいかなと思うんです。こういう環境でも暮らしていけるんだよと子どもたちに伝えることは、奄美にとってもプラスになるはずですから」

高校卒業後に島を出る者がほとんどだが、将来的に奄美大島に戻ってきたいかと尋ねると、反応は人それぞれだった。

白畑勝喜郎のように「島に帰ってきて、少年野球を教えたい」という者や、実家が製菓工場を営む鳥入悠聖のように「内地で学んだ製菓の知識、技術を持ち帰って会社を継ぎたい」という者、女子マネージャーの栄桜子のように「大島紬《おおしまつむぎ》（奄美群島の伝統工芸品である織物）を学んでつくりたい」という者もいる。

一方で山下侍真のように「東京で起業して一旗揚げたい」と島外での志を持つ者もいる。彼らはそれぞれの人生を歩み始めている。

夏のラッキーボーイとして活躍した美島永宝は、作業療法士を目指すために福岡の医療系専門学校に進む。自身が故障に苦しんだ経験もあり、「困っている人たちを助けたい」という思いが芽生えたからだ。

しまかわバッティングセンターでバットを振り込み、いつも従業員から「頑張ってね」と声をかけられてきただけに「島の人の期待に応えたい」という思いは人一倍強かった。夏の大活躍で少しは恩返しができたと思う反面、やはり最終打席で倒れたことは美島にとって大きな傷になっていた。

「試合が終わってから、塗木先生が僕の名前を呼んでタイムをかけようとしていたことを初めて知りました。あの時はいっぱいいっぱいになっていて、視野が狭かった。引退してから実業が甲子園を決めたシーンの映像を見ると、いつも自分が打ち取られる場面が流れるので悔しいんです」

島の野球熱をつなぐために

あの時、塗木は美島に何を伝えようとしたのか。

塗木はしばらく黙考した後、「これを言っても伝わるかわかりませんが」と前置きをしてこう続けた。

「次のボールを打ったらアウトになると思ったんです。それは直感というか、イメージが見えたんです。僕はそういうことが結構あるので。なのでタイムをかけて、時間を止めたかった。すぐそばにいた（山下）侍真を伝令に出して、『じっくりいって構わない』と伝えたかったんです。あとは（青木）蓮が引っ張ってタイムリーを打ったように、（美島）永宝にも『引っ張ってほしい』と指示を出したかったんです」

そして、塗木は達観したようにこうつぶやくのだった。

「でも、いつもは通る声が届かなかった。子どもたちが必死に永宝を呼び止めようとしたんですけど、赤嵜がセットポジションに入ったので、僕は『もういい』と遮った。僕には、最後の結末を自分が引いてしまったような気がしてしまうんです。強引にでも侍真に伝令に行かせていたら、どうだったのかなって。だから涙が出ないんでしょうね、僕は」

夏の鹿児島大会が終わった直後、データを整理していて塗木はあることに気づいた。大島高校が6試合で奪った総得点は39点、総失点は12点。1試合平均にすると得点は6・5、失点は2になる。つまり、塗木が掲げた地方大会の数字目標「1試合平均7得点、2失点」に近づいていたのだ。もし、決勝の鹿児島実業戦で逆転できていれば、「1試合平均7点」に限りなく近づけたはずだった。

塗木は「自分のやってきたことは、間違いではなかった」と再確認した。

ただし、公立高校の教員は任期が限られている。すでに9年間も大島高校で勤務している塗木が近いうちに異動する可能性は高く、その動向は島内の中学生の進路にも大きな影響を与えている。離島の公立高校野球部が恒常的に強いチームをつくろうと考えると、高いハードルがそびえているのだ。

その一方で、部長の小林誠矢はこんな言葉を口にする。

「いい監督がいないと野球ができないというのは、僕は違うんじゃないかと思うんです。最終的には自分でやることですから。今まで自分がやってきたこと、先輩がやってきたことを『大高はこうしてやってきたんだよ』と後輩につないでいけば、きっと力になります。野球部が強くなって、甲子園に出て、地域が盛り上がったこと。そのことを語り継いでいくことが大事なんじゃないでしょうか」

外部コーチを務めた奥裕史は、夏を区切りとして大島高校の指導から離れた。もともと

10年を区切りと考えており、そしてもう一つ、やりたいことがあったのだ。

「中学野球をもう一度やりたいんです。文科省の方針で、中学校の部活動が地域総合スポーツクラブとして移行する流れが進んでいますし、島の野球部全体が連携して合同チームになるかもしれません。島をあげて中学軟式クラブをつくる準備をするためには、高校のコーチ職だと身動きが取れないので」

島をあげて中学球児を鍛え上げ、いずれは大島高校へ送る。奥の活動は、奄美の野球熱をつなぐための希望になるはずだ。

そして、校外活動である「奥トレ」は今も継続中だ。稼頭央の弟である大野幸乃進など、下級生のバッテリーを中心に平日夜に自動車整備工場で段ボールを敷き詰め、トレーニングに励んでいる。

ドラフト会議

ブルペンでせわしなく投球練習をする姿から「早く投げたい」と、ムズムズして仕方ない様子が透けて見える。心なしか、引退前よりも表情が柔らかくなったような気がした。

名瀬運動公園野球場、通称「三儀山」では紅白戦が開かれていた。1、2年生の控え選手や引退した3年生で編成されるBチームの攻撃が終わると、稼頭央は一塁側ブルペンから走ってマウンドに向かった。

緩いカーブで入ると、捕手に向かって加速するようなストレートに縦横に曲がるスライダーを織り交ぜる。さらには新球として手応えを得つつあるというスプリットで三振を奪うシーンもあった。終盤の2イニングを投げて無安打、2奪三振、1与四球、無失点。爽やかに汗を飛び散らせて、稼頭央は試合を終えた。

この夏休みは心太朗とともに、東海大相模で高校野球を終えて故郷である奄美大島に里帰りした求《もとめ》航《こう》太郎《たろう》と合同練習をする機会があった。求が語る全国屈指の名門の内情に、稼頭央は耳を傾けた。

「相模は『アグレッシブベースボール』と言われてガツガツしてるイメージですけど、普段もそんな感じなのかなと思ったら意外とみんな仲良くて、僕らと同じようにふざけて楽しんでるらしいです。強い学校でも、意外と普段は高校生なんだなって」

夏の甲子園は1人の鹿実ファンに戻り、テレビの前で鹿児島実業を応援した。「鹿実へ行っていたら」と後悔したことは一度もない。だが、高校最後の夏に大島高校の仲間と甲子園に行けなかったことは、いつまでも心残りだった。

「気持ちの切り替えはできてるんですけど、映像を見ると試合のことが蘇ってきてしまって。決勝の試合だけはいまだに見切れないですね」

高校生活では一度も赤嵜に勝てなかった。だが、禍々《まがまが》しい感情はない。負けは負けと受け入れているからだ。

「お互いにライバル視していたなかで、『負けたくない』という思いがほんの少し赤嵜が上だったということ。3年間で1回も勝てなかったので、完敗ですね。それ以上にお互いに高め合えて、いい関係になれたのが一番よかったと思います」

決勝戦の試合後、ミーティングで塗木から「稼頭央なんて大変だったよな」と労《ねぎら》われ、涙をこらえ切れなかった。あの涙には、どんな思いが込められていたのか。

「自分はメディアから注目されることを気にしてなかったんですけど、『気にしたくなかった』というのが本音だと思います。塗木先生はそこまで見透かしていたんだろうし、大事に思ってくれているんだなと感じました」

8月6日の誕生日で稼頭央は18歳になった。この若い左腕に、奄美大島中の島民の期待が注がれていた。無自覚な「頑張れ」という言葉を素直に受け止め切れなくなった時期もあった。稼頭央は「感動させようなんて思ったことは一度もない」と言う。ただガムシャラに腕を振っていただけなのに、いつしか稼頭央は十字架に縛りつけられていた。

そんな稼頭央を救ったのは、仲間たちだった。

いつも相談相手になり、精神安定剤になってくれた竹山。ミーティングで言いづらいことを指摘して、変わるきっかけをくれた前山。守備で足を引っ張られることも多々あったが、いつも明るく前向きに引っ張ってくれた武田。そして、大島高校に誘ってくれた相棒の心太朗。いくら周囲にもてはやされようと、仲間の顔を見たらいつもの自分に戻れた。

「みんなの前ではカッコつける必要がなくて、素でいられます。恥ずかしいところも見せているし、カッコつけたら『いらんわ！』ってバレるんですよ。野球も着飾る必要がなくて、素でいられたのが一番大きかったんじゃないですか」

第三者からすると、稼頭央は味方がいくらエラーしようと表情に出さないように見える。だが、チームメートには稼頭央の感情が手に取るようにわかっていた。武田は言う。

「顔を見るとわかりますよ。あ、怒ってるなって。顔のどこかが変わるというんじゃなくて、『何やってんだよ』って雰囲気が出ますから。もう何回も見てるんで、マジで申し訳ないって思ってます」

10月20日、プロ野球新人選手選択会議、通称・ドラフト会議が開かれた。

大島高校からは稼頭央がプロ志望届を提出。球団の指名候補リストに入っていることを示す調査書は、10球団から届いた。稼頭央は「5球団くればいいほうかな」と想像していただけに、思いがけないプロ側の評価に驚いた。

奄美大島にゆかりのあるプロ野球選手といえば、中学時代を奄美で過ごした亀山努（元阪神）、中学まで奄美で生まれ育った上野弘文（元広島）、泰勝利《たいかつとし》（楽天）がいる。だが、奄美大島で生まれ育った高校生がドラフト会議で指名されれば、史上初の出来事だった。

福岡ソフトバンクホークスのドラフト4位で自分の名前が呼ばれると、稼頭央は目と口を大きく開いてから笑顔を見せた。「自分が思っていたよりも早い順位だった」と稼頭央は言う。なお、同じソフトバンクの育成ドラフト14位では、秋の九州大会でセンバツ切符をかけて戦った興南の盛島稜大が指名された。いずれ近い将来、奄美大島と宮古島の離島バッテリーがプロの世界で見られる可能性が出てきた。

稼頭央がプロに進むことは、島の人間にとっても悲願だった。大野家と家族ぐるみの付き合いだった外部コーチの奥は言う。

「稼頭央は生まれる前からさまざまな人の縁でつながっていた、野球人としての星の下に生まれたんだと思います。野球人生のなかでいいタイミングで人と出会い、ターニングポイントで必ずいい方向に導かれていきました。稼頭央には、いつまでも野球小僧のままでいてもらいたいですね」

祝福ムードに包まれても、稼頭央は浮かれることなく現実を見据えている。

「まだ体ができていないので、今のままではプロで通用しないのはわかっています。3〜4年かけて、プロで活躍できる体と技術を身につけていきたい。スカウトの方にも『じっくり時間をかけながらやっていきたいです』と意思を伝えました」

高校野球を引退して、いくらか饒舌《じょうぜつ》になったのではないか。そう尋ねると、稼頭央は少し考えてからこう答えた。

「いろんな世界を知って、物事を広い視野でいろんな角度から見られる余裕が生まれたような気がします」

島に残ろうと、島を出ようと、成長できるかは本人次第。稼頭央の言葉には、そんな実感がこもっているように感じられた。

再びバッテリーを組む日まで

心太朗の父・哲は今も息子とプロ野球のテレビ中継を見ることがあるという。

同じ捕手として配球論を交わすこともあったが、心太朗が高校3年生になる頃には「俺はこう思う」と語る心太朗のレベルに哲がついていけなくなった。

「夏の鹿商（鹿児島商業）戦でツーベースを打った時の配球の読みなんか聞いても、『いろんなところを見て、考えてるんだなぁ』と感心してしまいます。大島高校でいろんなことを教えていただいて、今じゃ僕なんかの次元を超えています。親が言うのもなんですけど、素晴らしいキャッチャーになったと思います」

3年間をトータルで見れば、楽しいことよりも苦しいことのほうが圧倒的に多かった。送球イップスに悩み、捕手を断念しかねない時期もあった。それでも、最後の夏には自分なりの技術を確立し、自信を持って腕を振れるようになった。

自分に自信がつくようになると、周りがより一層見えるようになってくる。心太朗はあらためて周囲への感謝を口にした。

「大島では人の環境に恵まれました。指導者にも仲間にも支えられて、甲子園にも行けて。最後の夏は甲子園に行けなかったけど、ベンチに入れなかった3年生の3人（川﨑大雅、鳥入悠聖、大山頼人）が悔しい思いをこらえてプレーしやすい環境をつくってくれました。ベンチの2、3年生も試合に出られない悔しさがあるなかで、『どうにか勝たせたい』という思いを感じました。野球というスポーツがあったから、3年生の絆は深まったし、下級生の大切さも気づきました。どん底も天国も味わえて、本当にいい高校野球でした」

高校卒業後にプロへと進む稼頭央とは、道が分かれる。心太朗は岡山にある環太平洋大で野球を続ける予定だ。

「稼頭央にはプロで活躍してほしいと心の底から思っています。自分も稼頭央みたいに成長して追いつきたいですし、できるならもう1回バッテリーを組みたいです」

そして、心太朗はその言葉だけでは足りないと思ったのか、照れ臭そうにこう続けた。

「稼頭央とバッテリーを組んで甲子園に行く目標を達成できたのは人生の自慢ですし、最高の財産です」

いずれ、奄美大島に戻ってきたいと思うか。そう尋ねると、心太朗は「最終的には戻ってきたいです」と答えた。

「その時は高校で一緒にプレーしていた仲間と、どんな形でもいいのでもう1回野球をやりたいですね」

島の悲願が達成される日

稼頭央たちの代が引退し、新チームは険しい船出になった。

秋の県大会は枕崎に2対5で敗れ、初戦敗退に終わっている。

「前の代は稼頭央先輩という柱になるピッチャーがいましたけど、今年はいないので違うスタイルになると思います。秋は自分たち野手がもっと頑張らないといけなかったのに、うまくいかずに初戦で負けてしまいました」

そう語るのは、新チームのキャプテンに就任した体岡大地だ。

旧チームからレギュラーだった有馬航大は新チームでは遊撃のポジションにつき、中心打者として期待されている。フェリーの船酔いは「最近マシになりました」と笑う。

「周りからは『新チームの大島は弱い』と言われることもあるんですけど、気にしてもしようがないので。もう先輩はいないので、自分たちらしい野球をするしかないです」

秋の大会で背番号1をつけたのは、大野幸乃進。稼頭央の弟である。

「お父さんとかコーチには『稼頭央は早咲きだけど、お前は遅咲きだから』と言われています。僕も同じ血でつながっているので、『自分ならいつかできるから、見とけよ』と思いながら練習しています」

　幸乃進は身長１７１センチ、体重55キロと細身で、本格的な投手経験は高校から。最速１３１キロと目を見張るスピードはないものの、打者の手元で伸びる好球質がある。塗木も「大学以降で大化けする可能性があります」と素材を評価する。

　大野家には三男に純之介がおり、中学３年生にして軟式球で最速１４０キロを計測する。稼頭央と純之介に挟まれ、幸乃進は卑屈になった時期もあったという。だが、それも今では宿命と受け入れている。

「気にしてしまう時期もあったんですけど、比べられても落ち込むことはなくなりました。今のうちに経験できてよかったですし、プラスに変えられるようにしたいです。最終的に２人より上に立てればいいだけなので」

　10月16日には、名瀬運動公園野球場であるイベントが行われた。愛知県の名門・愛工大名電と夏の決勝を戦った鹿児島実業を奄美大島に呼び、招待試合が組まれたのだ。スタンドは立錐《りっすい》の余地もないほど、島中から野球ファンが詰めかけた。

　スタンドには、教え子の野球少年を連れて観戦に訪れた龍郷野球スポーツ少年団の監督を務める前島克幸がいた。稼頭央の少年時代の恩師である。

「稼頭央効果なのか、未就学児や低学年で野球をやりたいという子が増えています。『大高に行けば、甲子園に行ける』という雰囲気になれば、島を出る必要もなくなるし、また甲子園に出られると思うんですよね」

　大島高校の試合を見ながら、前島はそう言って目を細めた。

　愛工大名電との第１試合では、意外な伏兵が現れた。１年生右腕の安田喜之祐《きのすけ》が立ち上がりから凡打の山を築き、強打線に得点を許さなかったのだ。

　安田は身長１５９センチと一際小柄な変則サイドハンド。塗木は「阪神の青柳（晃洋）のように、アンダースローとサイドスローの中間の『クオータースロー』に変えてからよくなった」と評価する。新チームから正捕手になった田邊瑛吉は、手応えを深めていた。

「右打者のインコースは少しシュートして、アウトコースは少しカットしてホームベースを広く使えました。名電が相手でも抑えられるんだと自信になりました」

　試合は０対０のまま９回を終えて延長戦へ。10回からはタイブレーク形式となったが、11回まで両チーム無得点で引き分けに終わった。

　愛工大名電にしてみれば、直後に東海大会を控えた大事な実戦の機会だった。監督の倉野光生《みつお》は、緊張感のある試合ができたことを喜んだ。

「素晴らしい野球場で、野球熱の伝わるお客さんの前で試合ができてよかったです。大島はスピード感があるし、全員一生懸命で粘り強く戦ういいチームでした。勝てなかったけど、負けなくてよかった。こちらに来たかいがありました」

試合後、殊勲の安田は嬉々としてこう語った。

「お客さんも多かったので、『みんな僕のことを見てくれ』と思いながら投げてました。稼頭央先輩を超えるピッチャーになりたいです」

安田の好投に触発されたのだろう。続く鹿児島実業との試合では、先発した変則サイド左腕の田中励生《れい》が5回無失点。2番手の幸乃進も6回以降を無失点に封じた。愛工大名電戦と同じように0対0のままタイブレークに突入したが、10回表に3安打を集めて3点を勝ち越し。その裏を幸乃進が締めて、大島高校が勝利を収めた。

愛工大名電、鹿児島実業と名門を相手に21イニングを無失点。稼頭央のようなプロ注目選手はいなくても、新生・大島高校は強敵と渡り合えるところを証明した。

試合後、夕暮れに染まる三儀山で塗木はこんな感慨を語った。

「普段練習でやってることができれば、今日みたいに戦えるんだと選手もわかったと思います。それに、これだけの人に見られていい試合ができたらうまくなりますよ。今日は2試合で19人が出ましたけど、全員でこれだけの試合をしたことに価値がある。前のチームだって、稼頭央だけが頑張ったから勝てたわけじゃない。仲間を信じて、打ち取ることができたから勝てたんだ。みんなでやれば、なんとかなるんです」


熱戦が繰り広げられた三儀山の球場外では、グラブとボールを持った5名ほどの野球少年が横長の塀を使って壁当てをしていた。

大柄な少年が力いっぱい腕を振ってボールを塀にぶつけ、跳ね返ったボールを続く少年が捕球し、再び塀に投げる。そして一回り小さな少年が跳ね返りを抑える。彼らはリレーのようにボールを次から次へとつないでいく。

鹿児島大会決勝戦の試合後、塗木は「次なる世代が達成してくれる日がきっと来る」と言った。その日は意外とそう遠くない未来に訪れるのかもしれない。

おわりに

そのニュースを目にした時、にわかには信じられなかった。２０２２年11月11日、元プロ野球選手である村田兆治が自宅の火災が原因で死亡したというのだ。

火災が起きる2日前、私は村田の自宅に電話を入れていた。用件は「離島甲子園についてインタビューをしたい」という内容だったが、しばらく呼び出し音が続いた後に留守録音声に切り替わった。村田には空港検査員に暴行を働いて逮捕（のちに不起訴）されるというショッキングなニュースがあったばかりで、身辺が落ち着かないことは容易に想像ができた。私は用件を留守録に吹き込み、日を改めて電話をしようと決めた。村田に離島甲子園について語ってもらうことで、少しでも本来の生気を取り戻してもらえたら、という淡い期待もあった。だからこそ、思いがけない訃報には強いショックを受けた。

「兆治さんに最後にご連絡できなかったことが、自分としては一生の後悔なんです」

日本離島センターの小澤卓はそう言うと、目に涙をためた。小澤は村田と連携を取り、離島甲子園を運営してきたスタッフである。生前の村田がいかに離島甲子園に心血を注いできたか、小澤は目にしている。

「兆治さんは離島甲子園の野球教室で『本物を見せる』ということにこだわっていました。プロの技術を見る機会がない島の子どもたちに、フォークボールを披露したりしていましたね。毎年、離島甲子園に参加した子どもたちの作文が揃ったらバインダーに綴《と》じて、兆治さんのご自宅にお送りしていたんです。電話でお話しする時も『あの子はどうしてるかな？』といった話ばかり。過去に大会に参加した子どもが大きくなって、挨拶に来てくれるとうれしそうにしていましたね。兆治さんも島の子どもたちから元気をもらってる感じがしました。モジモジしている子も多いんですけど、『いつか島に戻ってくるって言え！』なんてユーモアを交えながら交流している姿が思い浮かびます」

　もし離島甲子園が存在しなければ、大島高校が甲子園に出ることはなかっただろう。西田心太朗が離島甲子園をきっかけに島の仲間とプレーする野球の楽しさに目覚め、大野稼頭央を誘って島に留まった。もし稼頭央が大島高校に進学していなければ、中優斗は大島北高校でバレーボールをやっていたかもしれないし、青木蓮はバドミントン部に、嶺塁守はラグビー部に入っていたかもしれない。周囲のさまざまな人間を巻き込み、大島高校は実力で甲子園切符をつかみ取った。それは離島甲子園を提唱し、大会の象徴的存在だった村田にとって、心の底から喜ばしいニュースだったはずなのだ。

　私の個人的な考えを書かせてもらえば、「誰もが生まれ育った地域に残り、甲子園を目指すべき」とは思わない。島を出て強豪校に進んだ喜村健太のような選択も、島に残る選択をした者と同じように尊重されるべきだと感じる。ハイレベルな競争で成長するチームもあれば、地域に愛されてのし上がるチームもある。その多様性こそ、高校野球の魅力だろう。

その一方で、少子高齢化が進む離島の問題も横たわっている。育った若者が続々と島を出ていき、自治体として存続の危機に瀕《ひん》している島もある。そんな厳しい現実があるなかで、若者に島への帰属意識を植えつけようと躍起になっている人もいる。

離島甲子園に参加するには、自治体は参加料として２００万円を支払う必要がある。奄美市役所の職員として離島甲子園に携わる三原裕樹は、その金額を「安い」と評する。

「奄美の子どもって、島外で生活する経験がほとんどないんです。でも、離島甲子園は島外で生活する体験ができるうえに、仲間との結束力が生まれます。はっきり言って、離島甲子園に出る一番の理由は『子どもたちに島に残ってほしいから』なんです。『地元に残ってもできるんだよ』と子どもたちに実感してもらうことが、地域活性化にもつながる。そういった影響を考えても、２００万の参加料は安いと感じています」

離島甲子園の後には元プロ野球選手の木村竹志の助けを借り、中学3年生を対象にした交流大会も実施している。こうした数々の施策が功を奏して、大島高校の快進撃につながった。それは高校生の部活動という範疇《はんちゅう》を超え、島全体を揺り動かすムーブメントに発展した。地域性が刺激される、高校野球ならではの奇跡だったのだろう。

そして、村田亡き後も離島甲子園は続く。日本離島センターの小澤は言う。

「兆治さんとはいつも別れしなに握手をしていたんですが、凄く握力があったのを思い出すんです。いなくなってしまって残念でなりませんが、我々も兆治さんの遺志を継いでやっていかないといけません。兆治さんの座右の銘は『人生先発完投』ですから、兆治さんに『やり始めたら、最後までやれ』と言われているような気がします」

現代の高校野球は強豪校とそうでない高校がはっきりラベル化され、甲子園の出場校が固定化されつつある。だが、大島高校は「地域をあげて選手を育てて結束すれば、どこからでも甲子園に行ける」という可能性を満天下に示した。

そして、奄美大島には自力で甲子園に出場するための土壌が備わっていた。私が大島高校に興味を持ったのは、逸材サウスポーの稼頭央がきっかけだった。だが、取材を重ねるうちに、いつしか奄美大島の人々が発する強烈な磁力に引き寄せられるようにのめり込んでいた。これは箕島高校出身の木村竹志が言う「地域力」なのだろう。

地域力は時に選手たちの重荷となり、縛りつけた部分もあったかもしれない。それでも、大島高校の選手たちは地域力から逃げずに養分として、たくましく成長した。

いつか彼らが奄美大島のために恩返しをする日が来るだろう。そして、監督の塗木哲哉が予言したように、大島高校が初めて夏の甲子園出場を決め、再び島を熱狂させる日も来るに違いない。その日まで、本書が離島の未来を明るく照らす道しるべになったら幸いだ。

２０２３年2月2日

菊地高弘

菊地高弘（きくち たかひろ）

1982年生まれ。専門誌『野球小僧』『野球太郎』の編集者を経て独立。プロ・アマ野球を網羅した取材力、プレーヤーの目線に立った切り口に定評があり、「菊地選手」名義でリリースした『野球部あるある』（集英社／全3巻）はシリーズ累計13万部のヒット作になった。ほかに『下剋上球児　三重県立白山高校、甲子園までのミラクル』（カンゼン）、『オレたちは「ガイジン部隊」なんかじゃない！　～野球留学生ものがたり～』（インプレス）、『巨人ファンはどこへ行ったのか？』（イースト・プレス）など著書多数。

離島熱球スタジアム

鹿児島県立大島高校の奇跡

二〇二三年三月八日　第一刷発行

著者　菊地《きくち》高弘《たかひろ》

発行者　樋口尚也

発行所　株式会社　集英社

〒一〇一-八〇五〇　東京都千代田区一ツ橋二-五-一〇

電話　編集部　〇三-三二三〇-六二〇六

販売部　〇三-三二三〇-六三九三（書店専用）

読者係　〇三-三二三〇-六〇八〇

印刷所　凸版印刷株式会社　製本所　加藤製本株式会社

装幀　伊藤明彦（iDept.）

DTP　コイグラフィー

写真　菊地高弘　大友良行

編集　梶垣伸介　内山直之

ISBN978-4-08-790111-5 C0076